Starke Lehrkräfte – Starkes Team

Bernd Albert

Starke Lehrkräfte – Starkes Team

Schulkollegiumsbezogenes Fortbildungskonzept
zur Bewältigung von Herausforderungen
verhaltensauffälliger Schülerinnen und Schüler

Waxmann 2023
Münster · New York

Bibliografische Information der Deutschen Nationalbibliothek
Die Deutsche Nationalbibliothek verzeichnet diese Publikation in der Deutschen Nationalbibliografie; detaillierte bibliografische Daten sind im Internet über http://dnb.dnb.de abrufbar.

Print-ISBN ISBN 978-3-8309-4545-1
E-Book-ISBN 978-3-8309-9545-6

Steinfurter Straße 555, 48159 Münster

www.waxmann.com
info@waxmann.com

Umschlaggestaltung: Anne Breitenbach, Münster
Satz: satz&sonders GmbH, Dülmen
Druck: CPI Books GmbH, Leck
Gedruckt auf alterungsbeständigem Papier gemäß ISO-9706

Printed in Germany

Nachruf

Wir danken Dr. Bernd Albert herzlich für den intensiven Dialog und die sehr gelungene Zusammenarbeit im Kontext „starke Lehrkräfte – starkes Team".

Dr. Bernd Albert verstarb im Februar 2022.

Die Veröffentlichung seiner Expertise, die er aus seiner Promotion über die Beratung von Lehrkräften im Umgang mit verhaltensauffälligen Schülerinnen und Schülern (Fit for V) weiterentwickelt hat, durfte er leider nicht mehr erleben.

Wir sind darüber sehr traurig.

Seine unbedingte Wertschätzung für sein Gegenüber, seine freundliche Beharrlichkeit, gemeinsam nach Gelingendem bei jedem Menschen zu suchen, und auch seine kritischen Fragen in allen schulischen und organisatorischen Belangen werden uns fehlen.

Er hat in über 25 Jahren Tätigkeit beim privaten Schulträger Rummelsberger Diakonie im Aufbau der schulischen Bedarfe im sozial-emotionalen Bereich als Lehrkraft bis hin zur seiner Aufgabe als Schulleitung wertvolle Beiträge geleistet.

Zunächst als Sonderschullehrer an der Schule zu Erziehungshilfe, danach ab 1977 bis 1983 im Aufbau und dann als Leitung der Schulabteilung der Pädagogisch-Therapeutischen Intensivabteilung, kurz PTI Rummelsberg.

1989 übernahm er die Schulleitung für Sprachbehinderte in Altdorf, mit der er im Jahr 1990 am Schulversuch „Schule für Kinder und Jugendliche mit sonderpädagogischem Förderbedarf" teilnahm.

Hieraus entwickelte sich das Sonderpädagogische Förderzentrum Altdorf, an dessen fachlicher und baulicher Weiterentwicklung er wesentlich mitgewirkt hat.

Darüber hinaus prägte Bernd Albert neben seiner schulischen Berufung über zwei Jahrzehnte hinweg den Verband Sonderpädagogik im Landesverband Bayern, zuerst als Landesreferent, dann als Landesvorsitzender, und bereicherte mit seiner Expertise die bundesweite Entwicklung der Sonderpädagogik.

Sein praxisorientiertes und handlungsgeleitetes Erfahrungswissen beleuchtete er mit der bereits erwähnten Promotion in der Zeit nach seinem Ruhestandseintritt 2008 nochmals wissenschaftlich.

Auf dieser Grundlage entwickelten wir gemeinsam eine Schulung unter Beteiligung der Mitarbeitenden der Hilfen zur Erziehung und der Lehrkräfte der Schulen der Rummelsberger Diakonie.

Bis zur Pandemie war Bernd Albert mit Leidenschaft selbst Teil der Fortbildungstandems, die jeweils aus einer Lehrkraft und einem Jugendhilfe-Mitarbeiter bestanden.

Sein Fachbuch wird uns in den gegenwärtigen Aufbruchszeiten eine hervorragende Leitplanke und Richtschnur sein, um die Herausforderungen im sozial-emotionalen Förderbereich und den Lebenswelten der jungen Menschen mit einem gemeinsamen Verständnis von Bildung, erzieherischer Begleitung und lebensweltbezogener Förderung zu meistern.

Wir sind dankbar für alle gemeinsame Entwicklungen und werden Herrn Dr. Bernd Albert stets in guter Erinnerung behalten.

Schwarzenbruck im August 2023

Thomas Bärthlein
Regionalleitung
Für die Rummelsberger Dienste für junge Menschen gGmbH

Inhalt

Danksagung

Maßgeblich für das Zustandekommen sowohl der Fortbildungen als auch ihrer schriftlichen Darstellung in diesem Buch sind günstige Umstände, vor allem aber Menschen, denen an dieser Stelle gedankt werden kann und muss. Wahrgenommene und artikulierte Schwierigkeiten im Unterricht, positiv ausgedrückt, Unterstützungsbedarfe als Initialzündung einerseits, andererseits das Selbstverständnis des Schulträgers, eingreifen zu können und zu wollen, um Hilfen über Sitzungen und Konferenzen hinaus zu bieten, seien als Beleg für günstige Umstände herausgegriffen.

Der Blick auf die Genese des Vorhabens beleuchtet zwei Leitende: Herrn Olaf Forkel, fachlicher Leiter der Rummelsberger Jugendhilfe, und Herrn Thomas Bärthlein, Regionalleiter Kinder- und Jugendhilfe Nürnberger Land. Ihnen ist zu danken für ihren Mut und ihr Vertrauen, ein – sehr wohl auch kostenpflichtiges Unterfangen – zu starten; eines, das in der Breite seines Ansatzes auch zum Erfolg „verdammt“ war. Sie und auch die Schulleiterinnen und Schulleiter wagten etwas, bevor klar wurde, was, wie und wo, ja bevor sich Umrisse abzeichneten, in denen schließlich *Starke Lehrkräfte – Starkes Team* Gestalt annehmen konnte.

Der Schulträger übernahm alles, was Organisation hieß – und das umfasste nicht nur die Tagungsräumlichkeiten, sondern auch Terminfestlegungen, Gruppenbildungen und Vertretungsregelungen. Wenn schließlich von den Teilnehmenden insbesondere dem Organisatorischen großes Lob gezollt wurde, ist dies die passende Anerkennung für ein eigentlich unangenehmes Geschäft.

Dafür, den wohlgestalteten Rahmen mit Leben zu füllen, d. h. Menschen zu finden – anerkannte Fachleute aus der Rummelsberger Jugendhilfe und ebensolche aus den Rummelsberger Förderschulen, die sich bereitwillig, kreativ und mit beeindruckender Energie in die inhaltliche Ausgestaltung der Fortbildungen –, geht ein weiteres Dankeschön an Herrn Bärthlein, der hier mit viel Fingerspitzengefühl, aber sehr erfolgreich die Werbetrommel rührte. Die Auserwählten, die in den Tandems zusammenarbeitenden, nun als Fortbildende wirkenden Kolleginnen und Kollegen verdienen hohe Anerkennung und Wertschätzung; zunächst fürs eher vage Einlassen auf Unbekanntes, dann aber vor allem für den Erfolg von *Starke Lehrkräfte – Starkes Team.*

Ein ganz besonderer Dank gilt schließlich Herrn Dipl.-Psych. Hanns Rilke. Mit seinem profunden Fachwissen – insbesondere auch im Bereich der Beratung – prägte er fundamental Auswahl, Inhalte und Methoden der Fortbildungsbausteine, regte ideenreich die vorbereitenden Tandem-Seminare an und wirkte selbst hoch anerkannt mit Fachkompetenz und als Gruppendynamiker in Fortbildungsveranstaltungen. Hanns Rilke zeichnet auch verantwortlich für die Fertigstellung des vorliegenden Buches. Neben der unermüdlichen, akribischen Durchsicht des Entworfenen waren es pointierte Anmerkungen, die einerseits zum Nachdenken, dann aber auch zu gemeinsam gefundenen Lösungen bzw. Ergänzungen Anlass boten. Hanns Rilke trug somit ganz wesentlich dazu bei, dass *Starke Lehrkräfte – Starkes Team* nun in Buchform vorliegt.

Das Wagnis einer Veröffentlichung mit der Maßgabe, eine interessierte Fachwelt erreichen zu wollen und auch zu können, wurde eingegangen, weil bereits in der Erprobungsphase eine Schule gewonnen werden konnte, die die Umsetzung des Konzepts weitgehend ohne Abstriche ermöglichte. Ohne die Unterstützung eines Schulträgers, allein auf den Schultern eines Schulkollegiums und insbesondere dessen Leitung lastend, konnten Erfolge erzielt werden, die denen entsprachen, die in den Rummelsberger Förderschulen wahrgenommenen wurden.

Wer sich nicht abschrecken lässt, in den folgenden Ausführungen immer wieder auf die Bezugsgrößen Rummelsberger Diakonie und deren Förderschulen zu stoßen, wird feststellen, dass diese weggelassen werden bzw. ersetzt werden können. Dort, wo die Klagen über immer schwieriger werdende Schülerinnen und Schüler, über überforderte Lehrerinnen und Lehrer Anlass sind, aktiv in der eigenen (auch allgemeinen) Schule etwas gegen Resignation tun zu wollen, könnte zu diesem Band gegriffen werden. Die Leserinnen und Leser werden ermutigt, bei Umsetzungsinteresse Kontakt mit den Rummelsberger Diensten für junge Menschen aufzunehmen.

Schwarzenbruck im Dezember 2021 Bernd Albert

1 Einleitung

Dieses Buch ist der schulischen Erziehung gewidmet. Pädagogik, Erziehung allgemein, wurde – seit im Jahre 1905 der Landesverein für Innere Mission mit der Brüderschaft für männliche Diakonie in Rummelsberg eingezogen war – zu einem zentralen Aufgabenfeld, heute sichtbar in Wirkungsstätten, die über ganz Bayern verteilt sind. Die Rummelsberger Anstalten gründeten Einrichtungen für Kinder und Jugendliche, verstanden sich als Helfer in deren unterschiedlichsten Notlagen und Unterstützungsbedarfen. Ausgehend vom „Rettungsgedanken" der frühen Jahrzehnte des 20. Jahrhunderts differenzierte sich das Aufgabenfeld im weiteren Verlauf in stationäre, teilstationäre, ambulante und mobile Maßnahmen, für die die heutige Rummelsberger Diakonie Einrichtungen unterhält. In diesem Zusammenhang sind auch schulische Einrichtungen zu sehen, die zu gründen und zu unterhalten waren und sind. Im Fokus der Betrachtungen sind folglich Kinder und Jugendliche, die die Rummelsberger Förderschulen im Fassoldshof, in Rummelsberg und Altdorf besuchen – alle Schulen mit dem Förderschwerpunkt Emotionale und Soziale Entwicklung.

Gegenstand der Ausführungen sind die schulische Erziehung und ihr Beitrag zum Erfüllen eines besonderen Unterstützungsbedarfs für ein selbstbestimmtes und selbstverantwortliches Leben der Kinder und Jugendlichen. Dabei bleibt unberücksichtigt, ob die Schülerinnen und Schüler diese Schulen im Jugendhilfeverbund mit stationären und teilstationären Einrichtungen oder ohne diese besuchen. Schulische Erziehung in den Blick zu nehmen, erscheint notwendig und geboten, weil Schule als ein Ort des sozialen Austausches soziale Einbindungsprozesse fördern kann. Besonders in Förderschulen mit dem Schwerpunkt emotionale und soziale Entwicklung kann die Gestaltung einer förderlichen Schüler-Lehrer-Beziehung ein Schlüssel, aber ebenso eine besondere Herausforderung darstellen. Schülerinnen und Schüler dieser Förderschulen können von tiefgreifenden negativen Beziehungserfahrungen (z. B. familiäre Gewalt-, Verlust- oder Vernachlässigungserfahrungen) oder Bindungs- und Beziehungsabbrüchen betroffen sein. Sind es in den ersten Lebensjahren die Eltern, die die Bezugspersonen sind, gewinnen weitere Bezugspersonen je nach Entwicklungsphase an Bedeutung. Zu den bedeutsamsten sozialen Beziehungen zählen die zu ihren Peers sowie zu den Lehrkräften. Im pädagogischen Bereich gibt es kaum eine andere Profession, die mehr Zeit mit Kindern und Jugendlichen verbringt als Lehrkräfte.

Diese These muss in der hier vorliegenden Betrachtung zwar relativiert werden, lebt die überwiegende Zahl an Schülerinnen und Schülern doch in stationären und teilstationären Settings, in denen professionelle Pädagoginnen und Pädagogen wirken. Was jedoch eine hohe Bedeutung hat, ist die Kontinuität dieser Beziehungen. Während im nichtschulischen Bereich Dienstpläne stets Wechsel der Bezugspersonen verursachen, sind es die Lehrkräfte, die tagaus tagein zur gleichen Zeit mit ihren Beziehungsangeboten Schülerinnen und Schüler erwarten.

Wie in staatlichen Schulen, hat sich auch das Aufgabenfeld der Lehrkräfte in privaten Schulen durch die Entwicklungen der letzten Jahrzehnte verändert. Ursachen dafür liegen in Wirkungen aus internationalen Vergleichsstudien, der Fassung von Bildungsstandards, im Gebot, vermehrt Lernstandserhebungen durchzuführen, in erweiterter Schulautonomie, in der zunehmenden Verpflichtung zur Rechenschaftslegung und jüngst in der Inklusionsdebatte. Der private Schulträger war bestrebt, hier steuernd einzugreifen – als Dilemmata bleiben dennoch bestehen, dass die professionelle Autonomie der Lehrkräfte zugunsten einer stärkeren Abhängigkeit von neuen administrativen Regulationen beeinträchtigt wurde und die Wandlungsprozesse nicht genügend begleitet worden sind.

Da auch Erziehung in den Schulen einem Wandel unterliegt, sie „schwieriger“ geworden ist und die Lehrkräfte herausfordert bzw. überfordert, ihren Erziehungsauftrag zu erfüllen, erachtete es die Rummelsberger Diakonie als Erfordernis, für ihre Lehrkräfte ein Unterstützungsprogramm zu entwickeln und durchzuführen: Ein Programm, das Kompetenzen zurückgewinnen bzw. neu entwickeln hilft und das darüber hinaus die Schulentwicklung beeinflussen kann. Den Lehrerauftrag „Erziehung“ in den Blick zu nehmen, erscheint auch deshalb als wichtiger Ansatz für ein geeignetes und notwendiges Unterstützungsfeld, weil er für die je fachspezifischen, methodisch-didaktischen Aufgaben in den Schulen als übergeordnetes Feld anzusehen ist. Diesen Auftrag in den Fokus zu nehmen, ist außerdem durch das Wesensmerkmal privater evangelischer Schulen begründet, Erziehung aus dem christlichen Menschenbild zu gestalten.

Das Unterstützungsprogramm als Fortbildungsinitiative *Starke Lehrkräfte – Starkes Team* fußt auf Inhalten und Methoden, auf Evaluation und auf daraus abzuleitenden Erkenntnissen des an staatlichen Schulen in Bayern durchgeführten Fortbildungsprogramms *FIT for V* (vgl. Albert 2015). Richtet sich *FIT for V* an die einzelne Lehrkraft, die sich für eine Fortbildung angemeldet hat, so enthält *Starke Lehrkräfte – Starkes Team* die Maßgabe, dass alle Lehrkräfte der jeweiligen Förderschule an der Fortbildung teilnehmen *müssen*. Damit soll gewährleistet werden, dass sowohl hinsichtlich Erziehung und Unterricht in der jeweiligen Förderschule als auch in angeleiteter Fallarbeit bis hin zum kollegialen Austausch eine Basis geschaffen ist, die in ein einheitliches Erziehungskonzept münden kann bzw. münden soll.

Schließlich wird ein Evaluationsergebnis von *FIT for V* hier in besonderer Weise fortgeschrieben. Es konnte festgestellt werden, dass auch eine dreitägige Fortbildung nicht die Wirkung erzielt, die intendiert worden ist. Dies liegt daran, dass der in den Fortbildungen bestimmende Beratungsansatz Lehrerhandeln nur ansatzweise und unterschiedlich wirksam erreicht bzw. verändert. Notwendig erschien daher, Unterstützungsformen zu entwickeln, die individuelle Beratung gewährleisten, und dies in der täglichen Unterrichtsarbeit: Über *FIT for V* hinaus wird von den Fortbildenden persönliche Beratung angeboten, worauf sich Erfahrungsberichte in den Ausführungen beziehen.

Beweggrund dafür, pädagogische – und dies gar fokussiert auf *schulpädagogische* – Fachfragen zu thematisieren, besteht darin, dass der Schulträger den zu beschreibenden Fortbildungsansatz *Starke Lehrkräfte – Starkes Team* in Auftrag gegeben hat und nun daran interessiert ist, was, wie und mit welchem Erfolg für die Lehrkräfte an Rummelsberger Schulen entwickelt worden ist.

2 Auftrag der Rummelsberger Förderschulen

Die Förderschulen der Rummelsberger Diakonie sind aus dem diakonischen Motiv entstanden, bei Kindern und Jugendlichen mit geistiger und körperlicher Behinderung die schulische Förderung im Verbund mit Heimunterbringung bzw. teilstationären Angeboten zu leisten. Zudem haben sie sich die Aufgabe gestellt, Kinder und Jugendliche aus benachteiligten und belasteten Milieus zu fördern, was ebenfalls stationäre und teilstationäre Einrichtungen, den Jugendhilfeverbund, erforderte. Schulkonzepte wurden entwickelt, die die individuelle Förderung ebenso thematisierten, wie sie bestrebt waren und sind, Benachteiligungen zu überwinden und den Übergang in die allgemeine Schule zu ermöglichen. Den gesellschaftlichen und pädagogischen Herausforderungen öffnen sie sich heute mit dem Gebot der inklusiven Förderung – auch in der Weise, dass sie Kinder und Jugendliche ohne sonderpädagogischen Förderbedarf aufnehmen.

Zum Selbstverständnis der Rummelsberger Förderschulen gehören auch Beratungskonzepte, in denen die Fachdienste im Rahmen der vom Schulträger bereitgestellten Ressourcen mit ihren Kompetenzen wirken. Schullaufbahn-, Lern- und Lebensberatung geschieht vor dem Hintergrund, Auffälligkeiten und Begabungen ebenso in den Blick zu nehmen, wie die Sicherung durch Präventionsmaßnahmen bis hin zur Krisenbewältigung.

Fokussiert sind die folgenden Betrachtungen auf die Arbeit in Förderschulen, in denen Kinder und Jugendliche mit einem sonderpädagogischen Förderbedarf in der emotionalen und sozialen Entwicklung betreut werden und auf deren Lehrkräfte das Fortbildungskonzept *Starke Lehrkräfte – Starkes Team* auch zugeschnitten ist. Sie sind auf der Grundlage des Bayerischen Erziehungs- und Unterrichtsgesetzes (BayEUG) als Ersatzschulen in privater Trägerschaft eingerichtet (Art. 90–104). Legitimiert ist die Einrichtung durch das Grundgesetz der Bundesrepublik Deutschland (GG Art. 7, Abs. 4), das die Gleichwertigkeit der Bildungsangebote freier Schulen gegenüber staatlichen und nicht deren Gleichartigkeit fordert. Das Bayerische Erziehungs- und Unterrichtsgesetz (BayEUG 2011 Art. 90) schreibt vor, dass Schulen in freier Trägerschaft nicht nur dem religiösen Leben mehr Platz einräumen, sondern auch durch besondere Lehr- und Erziehungsmethoden, sowie eigene Vorstellungen über Lehrstoff und Formen der Unterrichtsorganisation das öffentliche Schulwesen vervollständigen und bereichern sollen. Im Zentrum des Fortbildungsprogramms steht die Erziehung, insbesondere die Methoden, die von den Lehrkräften angewandt werden. Normative Basis der Schulen der Rummelsberger Diakonie für die Gestaltung dieser Methoden sind die aus der evangelischen Theologie abgeleiteten ethischen Werte (vgl. Baron 2011, 181).

In diesem Sinn sieht sich die Rummelsberger Diakonie gefordert und berechtigt das in ihren Schulen geltende Erziehungsverständnis – auch mit dem Ziel ein einheitliches Erziehungskonzept zu entwickeln – mit den Lehrkräften zu diskutieren und es zur Grundlage pädagogischen Wirkens zu machen, ein zentrales Anliegen des Fortbildungsprogramms *Starke Lehrkräfte – Starkes Team.* Die Notwendigkeit hierfür ergibt sich aus Bedingungen, auf die der Schulträger keinen bzw. nur sehr geringen Einfluss hat:

Als Ersatzschulen werden auch den Rummelsberger Förderschulen – entsprechend des staatlichen Schlüssels – Lehrerkontingente als förderungsfähig, d. h. refinanzierbar zugeteilt. Die privaten Schulen hätten zwar das Recht, sich das Personal nach Passung zu trägerspezifischen Konzepten selbst auszuwählen, allerdings ist es aufgrund des langjährig bestehenden Mangels insbesondere an Sonderpädagoginnen und Sonderpädagogen kaum möglich, entsprechende Lehrkräfte tatsächlich anzustellen.

Zieht man hinzukommend gravierende Defizite der Lehrerbildung in Betracht, insbesondere den Schwerpunkt Erziehung betreffend, so verschärft dies die Notwendigkeit für den Schulträger hier selbst kreativ und fundiert tätig zu werden.

Angemerkt sei zudem, dass die Rummelsberger Förderschulen als Ersatzschulen Schülerinnen und Schüler aufnehmen müssen, wenn keine entsprechenden staatlichen Förderschulen vorhanden sind. Für deren Aufnahme muss ihr sonderpädagogischer Förderbedarf diagnostiziert und festgestellt werden, dass die Allgemeine Schule deren Förderbedarf nicht erfüllen kann und falls von Eltern inklusive Förderung nicht eindeutig gewünscht wird.

3 Begründung des Fortbildungsprogramms vom Erziehungsauftrag

3.1 Vorbemerkungen

Es gibt unterschiedlichste Auffassungen von Erziehung, denen gemeinsam ist: Erziehung ist soziales Handeln (Eltern – Kind; Erzieherinnen Erzieher/Lehrkräfte – Kinder und Jugendliche), das auf ein Ziel hin ausgerichtet ist. Erziehung geschieht in Aushandlungsprozessen, die oft mühsam und langwierig, jedoch notwendig und gewinnbringend sind (vgl. Schad/Müller/Stein 2013). Mit Zielgerichtetheit und Aushandlungsprozessen ist der Rahmen abgesteckt, von dem her Erzieher- und Lehrerhandeln, als die Erziehung junger Menschen verantwortlich leistend, hinterfragt werden muss. Dies erfordert Selbstbeobachtung, Selbstreflexion, Selbsterziehung und Selbstbildung als grundlegende pädagogische Handlungs- und Reflexionsdimensionen (vgl. Opp/Unger 2003, S. 46). Der junge Mensch, der auf Erziehung angewiesen ist, steht den Intentionen der Erziehenden nicht willenlos gegenüber, ist also nicht Objekt pädagogischen Handelns (ebd.). So kommt es auf seine Offenheit, seine Bereitschaft zur Auseinandersetzung mit der Erzieherin oder dem Erzieher bzw. der Lehrkraft und vor allem auf seine persönlichen Vorerfahrungen an, ob Ziele der Erziehung erreicht werden können. Gerade bei Kindern und Jugendlichen mit sonderpädagogischem Förderbedarf in der emotionalen und sozialen Entwicklung sind Abwehr, Widersetzen, Aggression oder Rebellion gegenüber den Maßnahmen der Erwachsenen gehäuft zu erwarten. Den Lehrkräften ist Handlungswissen zu vermitteln, damit diese den Erziehungsprozess nicht fundamental lähmen. Die Fortbildung *Starke Lehrkräfte – Starkes Team* will Handlungswissen für praxisnahe Ermöglichungssituationen für Erziehung in scheinbar unbewältigbarer Lage im Unterrichtsgeschehen vermitteln.

3.2 Systematische Erziehung – ein tragfähiges theoretisches Konstrukt

Systematische Pädagogik thematisiert das Lehrerhandeln in Bezug auf Zu-Erziehende: Lehrerhandeln mit dem Ziel, Mündigkeit und Autonomie der Zu-Erziehenden zu fördern (vgl. Dörpinghaus 2012). Diese werden als sich selbst bestimmende, autonome Subjekte gesehen, denen Wissen für Haltung vermittelt wird; die für sich entscheiden können; die sich motivieren können; denen Werte vermittelt werden, damit sie diese leben können und die wissen, wie sie sich gemäß dem Gesollten verhalten, zumindest wissen, wie sie sich verhalten müssten.

Systematische Pädagogik, die auf Immanuel Kant fußt, thematisiert das Gesollte. Sie weist wesentliche Übereinstimmung mit dem auf, was Dietrich Benner (vgl. Benner 2012) in seinem Grundlagenwerk ausführt, nämlich mit dem philosophischen Begriff menschlichen Handelns, der in der Freiheit, Sprachlichkeit und Geschichtlichkeit menschlicher Existenz und Koexistenz begründet ist. Er leitet daraus konstitutive und regulative Prinzipien pädagogischen Denkens und Handelns ab, die für die Hauptfragestellungen pädagogischer Handlungstheorie und Grundformen pädagogischen Handelns gleichermaßen fundamental sind.

Die Systematische Pädagogik des Neukantianers Alfred Petzelt (vgl. Petzelt 1964) und seiner Schülerinnen und Schüler hat Andreas Dörpinghaus für die aktuelle bildungstheoretische Diskussion aufgezeigt (vgl. Dörpinghaus 2012, S. 65). Als Kernsatz ist herauszugreifen: Systematische Pädagogik ist Theorie, indem sie die allgemeinen Gesetzmäßigkeiten des Lehrens, Lernens und Erziehens aufzudecken sucht. Sie bietet keine unmittelbaren Handlungsanweisungen, sondern versucht, eine Basis zu gewinnen, von der her es möglich ist, der Praxis einen Sinn geben zu können.

> „Die Sache der Pädagogik ist das Werk der Bildung. In zwei Generalrichtungen will sie es zuwege bringen: im Unterrichten und im Erziehen. In beiden geht es um das Ich, das lernen soll. Im Unterrichten wird das gegenständliche Fragen und Argumentieren angesichts der Wissensgebiete unterstützt. In den Akten der Erziehung will sittlich gutes Wollen und Handeln errungen werden, steht die Bestimmung des Ich gegenüber dem Sollen auf dem Spiele“ (Fischer 1966, S. 63).

Auch hinsichtlich der Erziehung verhaltensauffälliger Schülerinnen und Schüler ist zu postulieren, dass sie der Selbsterziehung zu dienen habe. Erzieherinnen und Erzieher, Lehrerinnen und Lehrer haben im pädagogischen Vollzug eine besondere Art der Verantwortung, nämlich die, den zu-Erziehenden zu ihrem Verantwortlichwerden zu helfen. Dies geschieht in der Beispielhaftigkeit der Erzieherin oder des Erziehers. Also in seinem Dialog-Anteil und vor allem im Gebot der Selbstbetrachtung, ohne die jede pädagogische Führung zu entarten droht und erziehlich steril bleibt.

Systematische Pädagogik fragt nach den Bedingungen des Verhaltens und der Haltung – nach den Möglichkeiten von Erziehung. Möglichkeiten der Erziehung sind zuweilen bei verhaltensauffälligen Schülerinnen und Schüler nur mit Mühe zu erkennen. Und so liegt die Gefahr nahe, sich auf einfache sog. praxiserprobte Rettungsanker zurückzuziehen bzw. Therapien einzuführen, die die Frage bzw. die Forderung außer Acht lassen, was eigentliche Aufgabe von Erziehung ist. Aber: für den pädagogischen Vollzug ist es ein Gebot der Mitmenschlichkeit, dem im sittlichen Urteil Schwachen und im Wollen Ungezügelten pädagogischen Beistand nicht zu versagen, dass endlich alles pädagogische Geschäft dialogischen Charakter erhält (vgl. Fischer 1966, S. 62).

Die Frage, was Aufgabe von Erziehung ist, ist die Frage nach Werten und Normen sowie den daraus abgeleiteten Zielen der Erziehung. Stephan Ellinger (vgl. Ellinger 1999, S. 119) weist auf die Problematik hin, dass für Lehrerinnen und Lehrer wegen schichtspezifischer Unterschiede andere Werte gelten können, als für ihre Schülerinnen und Schüler. Dies dürfe Pädagoginnen und Pädagogen aber nicht als Entschuldigung dafür dienen, dass das gedankliche Einbeziehen der milieuspezifischen und individuellen Plausibilitätsstrukturen zu einer Nicht-Erziehung im Sinne gesamtgesellschaftlich geltender Werte führt. Wichtig erscheint, dass „Verhaltensweisen und Handlungen, die von Lehrerinnen und Lehrern als störend und unangemessen empfunden werden und deshalb *wegerzogen* werden sollen u. U. wichtige Rituale und Symbolhandlungen einer anderen Sinnwelt" darstellen (ebd., S. 119f.; Herv. i. O.).

Bezüglich der Ziele von Erziehung stellt Marian Heitger fest,

> „dass es notwendig ist zu fragen, was denn als Absicht erzieherischen Handelns gesehen werden kann. Gefragt ist die Rechtfertigung für dieses Handeln. Wer dieser Frage ausweicht, und die Gefahr liegt beim Vorliegen schwieriger Erziehungssituationen nahe, macht sich zum besinnungslosen, man könnte besser sagen, skrupellosen Vollstrecker politischen, gesellschaftlichen Wollens" (Heitger 2003, S. 145).

Das Ausweichen vor dem Gesollten, also vor der Ermöglichung moralischer Bildung in schwierigen Erziehungssituationen, würde den Pädagoginnen und Pädagogen zum Vollstrecker von rein der Pragmatik bzw. dem Überleben im Klassenzimmer geschuldeten Maßnahmen machen, der lediglich Anpassungshilfe leistet, weit entfernt davon, das „moralische Gesetz zu einer lebensregierenden Maxime" (Dörpinghaus 2012, S. 64) zur Geltung zu bringen.

Aufgabe der Erziehung ist, ein „geordnetes und gesittetes Zusammenleben der Menschen zu gewährleisten" (Heitger 2003, S. 109). Um gesellschaftlich verbindliche Normen und Werte zu vermitteln, sind Grenzsetzungen notwendig, ist doch Erziehung „strukturierte Begleitung auf dem Weg zu individueller, selbstverantwortlicher Freiheit in Selbstbegrenzung" (Kobi 2010, S. 120). Diese Grenzen können Kinder vielfach noch nicht durch die eigene Vernunft einsehen. Ihre Beachtung muss allenfalls auch durch Sanktionen erzwungen werden. „Die Autorität des Erziehers ersetzt dann die Begründung normativer Ansprüche, wobei, sowohl die Sanktionen, als auch der Anspruch der Autorität kein Ersatz für den Gewissensanspruch" (Heitger 2003, S. 109) sind. Wenn es also um pädagogisch gerechtfertigte Erziehung geht, muss diese versuchen, „Legalität in Moralität überzuführen, um zu zeigen, dass die Beachtung der Gesetze, sofern sie nicht gegen Menschenrecht und Menschenwürde verstoßen, selbst ein moralisches Gebot ist" (ebd., S. 110).

Zur moralischen Bildung bei Immanuel Kant führt Andreas Dörpinghaus zusammenfassend an, dass sie „nicht von der Besserung der Sitten, sondern von der Umwandlung der Denkungsart und von der Gründung eines Charakters anfangen müsse“ (Dörpinghaus 2012, S. 20). Sie erfordere „eine Disziplinierung, die von *Neigungen befreien* soll, indem der Mensch egoistische Ziele eindämmt, was auf Reflexion des eigenen Tuns hinausläuft, damit sich die Anlage zum Guten als Vernunftanlage entwickeln kann“ (ebd., S. 21, Herv. i. O.).

Kinder und Jugendliche sollen dazu befähigt werden, ein individuell sinnstiftendes, erfülltes Leben zu führen, das ihnen ermöglicht, am öffentlichen Leben der Gesellschaft verantwortlich teilzunehmen. So ist ein zentrales Ziel der Erziehung der *mündige* und *autonome* Mensch: Erziehung strebt die Entwicklung einer Person an, die letztendlich weitgehend eigenständig sein soll; ihre eigenen Belange selbst regelt und verantwortet; mit anderen Menschen, Natur und Umwelt und sich selbst kritisch und fürsorglich umgeht; für sich selbst spricht, plant und handelt.

Ziel der Erziehung ist auch der *soziale* Mensch: Erziehung will und soll soziale Kompetenzen vermitteln, dass die Person bereit und fähig ist (bzw. wird), auf die Belange anderer zu achten und sich darin einbindet, die Zukunft der gesellschaftlichen Bezüge, in denen sie steht, verantwortlich mitzugestalten.

Steht folglich der Mensch in seiner Verantwortung für sich selbst und gegenüber seinen Mitmenschen im Fokus, so ist er als Kind und Jugendlicher auf die strukturierte und alters-, entwicklungsbezogene Begleitung angewiesen. Das heißt auf der anderen Seite, dass Erziehung stets auch mit Disziplinierung in Verbindung steht; Disziplinierung, die von Neigungen befreien soll indem der Mensch egoistische Ziele eindämmt. Sanktionen und Disziplinierung sind dann erziehungswirksam, wenn sie begründet werden. Dies verweist auf die Reflexion des eigenen Tuns, sowohl bei Erzieherinnen und Erziehern, Lehrkräften, als auch bei Kindern und Jugendlichen, auf Argumentation und Rechtfertigung.

Strukturierte Begleitung verlangt nach gültigen Regeln und Ordnungen für das Miteinander in der Schule. Auch wenn deren Durchsetzung individuelle Besonderungen erfordert, ist Sorge dafür zu tragen, dass in den Schulregeln Toleranz und Verständnis, Rücksichtnahme und Höflichkeit, fairer Umgang und Kompromissfähigkeit zur Geltung gebracht werden.

3.3 Erziehung und christliches Menschenbild

Dem Gestaltungsfreiraum von Schulen in privater Trägerschaft steht auf der anderen Seite die Zuweisungspraxis des Staates für die hier tätigen Lehrkräfte gegenüber. Sollen diese nicht nur das religiöse Leben in den Schulen gestalten, sondern auch durch besondere Lehr- und Erziehungsmethoden das öffentliche Schulwesen vervollständigen und bereichern, so hat der Schulträger hierfür die Voraussetzungen zu schaffen. Für Förderschulen der Rummesberger Diakonie ist das christliche Menschenbild Maßstab und Orientierung allen erziehlichen Tuns. Schwerpunkt des Fortbildungskonzepts *Starke Lehrkräfte – Starkes Team* ist folglich auch, die Lehrkräfte zur Auseinandersetzung mit christlichen Werten zu führen.

Die biblische Schöpfungsgeschichte stellt, der Mensch als Ebenbild Gottes, die unantastbare und unverlierbare Würde aller Menschen heraus. Als aber von Gott entfremdetes Geschöpf gehören Unvollkommenheit, Gebrechlichkeit, Defizite und Leiden unabdingbar zum Menschen. Dass Gott die Fragilität des Menschen ermöglicht, trägt und begleitet, muss im Glauben und der Bildung vertrauensvoll akzeptiert werden und kann entlasten und ermuntern, gelassen mit Brüchen und Erschwernissen des eigenen Lebens, wie das der Schülerinnen und Schüler umzugehen und sie als wertzuschätzende Persönlichkeiten zu sehen (vgl. Pirner 2012, S. 107), die ein Recht auf Achtung ihrer Person und individuelle Entfaltung haben. Dies drückt sich darin aus, dass entsprechend ihrer Einzigartigkeit Begabungen entfaltet, aber auch Beschränkungen, erfahrene Belastungen und Leiderfahrungen zur Sprache gebracht werden. Über allem steht die Hoffnung des Glaubens, dass wie Christus, der die Tiefen des menschlichen Leidens durchlebt hat und dabei getröstet und ermutigt wurde, die Schülerinnen und Schüler Begleitung, Unterstützung und Trost erfahren, die sie für ihr künftiges Leben lebensfähig machen. Der diakonische Auftrag besteht darin, dass die Nöte und Sorgen der Schülerinnen und Schüler sorgsam wahrgenommen, dass sie begleitet werden und dass gemeinsam mit ihnen nach Lösungswegen in schwierigen Situationen gesucht wird.

Der Mensch begegnet dem Anderen in der Regel in der Form „partieller Negation", indem der Andere nur ausschnitthaft wahrgenommen, auf den Anderen das eigene egozentristische Bild des Gegenübers projiziert, der Andere (wenn auch unbewusst) manipuliert wird (vgl. Moosecker 2017). Jede Unterordnung des Anderen unter das behauptete gemeinsame Bild „des" Menschen dagegen bedeute, das eigene Selbst-Bild zum Maßstab der Verantwortung zu machen und nicht mehr wirklich den Anderen in seiner unverwechselbaren Einzigartigkeit und in seinem absoluten Stellenwert „anzuerkennen". Sowohl aus der Singularität und Einzigartigkeit des Anderen als auch aus seiner Verletzbarkeit ist der Lehrkraft eine nicht wählbare und nicht entrinnbare Verantwortung auferlegt. Der Mensch mit einer schweren Behinderung ist besonderer Prüfstein für das Wahrnehmen des Antlitzes des Anderen, im Besonderen, wenn man irritiert und unsicher ist (vgl. ebd.).

Individuelle Förderung geschieht vor dem Hintergrund der persönlichen Entwicklung und vor allem unter Beachtung der Risiken und Belastungen, denen Kinder und Jugendliche ausgesetzt waren und sind. Tragfähige Beziehungen sind Voraussetzung für erfolgreiches schulisches Lernen und Leisten, aber auch generell für den Erziehungserfolg, der als Wechselwirkung die Interaktion mit den Aktivitäten der Schülerinnen und Schüler verlangt. Tragfähige

Beziehungen können und sollen weiterhin Vorbild für eigene Beziehungsgestaltung der Kinder und Jugendlichen sein.

Das christliche Menschenbild, das neben dem Auftrag mit den verliehenen Pfunden zu wuchern, von der Gebrechlichkeit und Fragilität des Menschen ausgeht, hat auch eine soziale Perspektive: Die Ergänzungsbedürftigkeit und Ergänzungsfähigkeit (vgl. Pirner 2012, S. 111). Nach biblischem Verständnis steht nicht nur die autonome, selbstreferentielle Persönlichkeit im Fokus, sondern die Persönlichkeit, die eigene Grenzen akzeptiert und sich auf die Unterstützung durch Mitmenschen einlässt. Dies meint, sich darauf einzulassen, dass eigene Schwachstellen benannt werden und gemeinsam mit Anderen an deren Überwindung zu arbeiten.

Damit ist das soziale Miteinander in der Schule angesprochen, das Ausgrenzungen bis hin zu Mobbing verhindert. Vielmehr erfahren (oder sollen erfahren) die Schülerinnen und Schüler Wertschätzung in der Gruppe/Schule, in der Schwachstellen akzeptiert wie auch Stärken für das Miteinander entwickelt und hervorgehoben werden.

Das christliche Menschenbild fordert die Wertschätzung der Schülerpersönlichkeit: Wertschätzung unabhängig von Leistung und Leistungsvermögen, was auf Akzeptanz von Heterogenität und die Kompetenz des Lernens in Verschiedenheit verweist; Wertschätzung trotz zunächst als oppositionell, aggressiv, die Lehrerpersönlichkeit in Frage stellenden Schülerverhaltens, was auf die Entschlüsselung von Signalen auffälligen Verhaltens, Strukturierung, Grenzen setzen und Halt geben verweist – dies abgestimmt auf je individuelle, die Biographie der Schülerinnen und Schüler bestimmende Belastungen und daraus abzuleitende Beziehungsangebote.

Wie Uta Hallwirth ausführt, haben (und müssen haben) Schulträger ein besonderes Interesse an der Qualifizierung der Lehrkräfte (vgl. Hallwirth 2007, S. 49): den Wunsch nach Profilbildung der Schulen durch Vermittlung von Kompetenzen (auch der Leitenden) als Motivation. „Über Fortbildung und Vernetzung soll zudem ein professionelles Selbstverständnis für die Tätigkeit an einer evangelischen Schule bei den Mitarbeitenden ausgebildet werden.“ (ebd.)

Hallwirth unterscheidet drei Säulen des Selbstverständnisses: *christliches Menschenbild* (Annahme und Bejahung des Menschen „im Bewusstsein von Erlösung und Hoffnung“) – ein davon abgeleitetes *„protestantisches Bildungs- und Erziehungsverständnis,* das vom Menschen in seinem Bezug zu Gott, sich selbst und dem Nächsten ausgeht“ (Bildung „will den Menschen mit seinen verschiedenen Dimensionen erfassen und Orientierung geben“); und es geht um eine „Öffnung der Schule zu einem *Lebens- und Lernort,* der Raum gibt für die Erfahrung bzw. Umsetzung dieser Leitvorstellungen in der schulischen Wirklichkeit“. (ebd., S. 50, Herv. i. O.)

Als Kompetenzbereiche, die über Fortbildung zu fördern sind, stellt Uta Hallwirth heraus:

„Erziehen und Unterrichten":

> „Ausbildung und Weiterentwicklung von didaktischen und sozialen Kompetenzen, aber auch um die Kompetenz, Unterrichts- bzw. pädagogische Prozesse angemessen zu reflektieren; gezielte Lehrstrategien für das einzelne Kind zu entwickeln und seinen Lernprozess professionell zu begleiten; die erzieherische Bereitschaft und die entsprechenden Kompetenzen der Lehrkräfte weiter zu entwickeln" (ebd., S. 51).

„Theologie":

> „Unter dem Ziel der Profilbildung will und soll Fortbildung die Lehrkräfte aller Fächer bereitmachen und in die Lage versetzen, sich auf Sinnorientierung und Wertfragen einzulassen." (ebd.)

„Schulentwicklung":

> „Schule als Lebensraum ist angewiesen auf die Bereitschaft und Fähigkeit zur Teamarbeit und zur Teamentwicklung. Lehrkräfte sollten zu Absprachen bereit und auch fähig sein, sie sollten wissen, wie Vereinbarungen und gemeinsame Standards entwickelt und ihre Einhaltung sichergestellt werden kann. Angebote und Fortbildungskonzepte mit dem Ziel einer verbesserten Kommunikations- uns Kooperationsfähigkeit haben besonderes Gewicht." (ebd.)

„Professionalität und Selbstkonzept":

> „Die persönlichen Ressourcen der Lehrenden und Leitenden sind zu stärken und zu befördern, um sie in ihrer Arbeit zu unterstützen – ein originärer Ausdruck eines christlichen Schulprofils. Ziel personenbezogener Lehrerfortbildung ist vor allem die Prävention, um Überlastung, Selbstüberforderung und deren Folgen vorzubeugen. Die Fähigkeit zur Selbstreflexion und Akzeptanz der eigenen Grenzen sollte sich mit der Bereitschaft verbinden, auch externe Fachleute in ein Unterstützungssystem einzubeziehen und Fortbildungsbereitschaft als integrales Element von Professionalität zu verstehen." (ebd., S. 52)

So ist zusammenfassend für die Fortbildung evangelischer Schulen besonderes Gewicht auf die Stärkung der didaktisch-erzieherischen Kompetenzen, der sozialen Kompetenzen und der reflexiven Kompetenzen bei den Lehrkräften zu legen.

Hinsichtlich der Qualität der Fortbildungen in evangelischen Schulen, so auch im Konzept *Starke Lehrkräfte – Starkes Team* der Rummelsberger Diakonie, gilt somit:

Qualität misst sich am *ganzheitlichen Ansatz,* inwieweit sie vielfältige Arbeitsformen einsetzt, rhythmisiert und auch ein entsprechendes Ambiente zur Verfügung stellt. „Vor allem dort, wo Fortbildung schon früh psychologische und sozialpädagogische Konzepte mit einbezog, gewannen Formen und Methoden besonderes Gewicht, die Raum geben für kreatives Arbeiten oder die Berücksichtigung und Nutzung gruppendynamischer Prozesse." (ebd., S. 53)

Weiter geht es darum, die *Grundsätze einer Erwachsenenpädagogik* umzusetzen, die auf Praxisorientierung, Teilnehmeraktivierung und selbstbestimmtes Lernen setzt, die Teilnehmerinnen und Teilnehmer als Expertinnen und Experten ihrer eigenen Sache wertschätzt und ihre Bedürfnisse ernst nimmt. Im Zentrum stehen deshalb fallbezogenes Arbeiten, Reflexion insbesondere schwieriger Erziehungssituationen, um einerseits eigene Anteile wahrzunehmen, als auch Veränderungsprozesse zu initiieren.

Kollegiale Zusammenarbeit im Team, themenzentrierte Interaktion mit dem Ziel, ein einheitliches Erziehungskonzept in den Schulen nicht nur zu entwickeln, sondern es auch zu praktizieren, bedarf der Auseinandersetzung mit Konflikten und einer kompetenten Gesprächsführung. Besonders ist hier die Qualität der Fortbildenden gefragt, die bemüht sind, die „Wertschätzung für jede Teilnehmerin, für jeden Teilnehmer sichtbar und erlebbar zu machen." (ebd.)

3.4 Erschwernisse heutiger Erziehung

Auch wenn gesellschaftliche Veränderungen keine Abstriche an Zielen der Erziehung, die aus dem christlichen Menschenbild begründet ist, rechtfertigen, sind für schulische Erziehung Belastungen festzustellen, die Erziehung erschweren. Diese sind etwa:

- Schule kann heute nicht darauf bauen, dass in den Familien Normen gelebt werden, die in der Schule gelten. Ferdinand Eder spricht von einer Veränderung der Autoritätsbeziehungen in der Familie (vgl. Eder 2000, S. 146): Die Kultur des Anordnens habe sich hier zu einer Kultur des Aushandelns entwickelt, was sich in Mängeln im Sozialverhalten, in der Ichbezogenheit und sozialen Rücksichtslosigkeit von Schülerinnen und Schülern zeige. Eine Erkenntnis, die für den behutsamen aber unabdingbaren Aufbau eines gültigen Regelwerks sehr bedeutsam ist.
- Veränderungsprozesse medialer Kommunikationsformen, wie z. B. eine zunehmende Digitalisierung und die Konfrontation mit virtuellen Lebenswelten haben zu einer Veränderung der sozialen Welten geführt. Schule muss der Vereinzelung gegensteuern und Formen des sozialen Miteinanders, weit mehr als in früheren Zeiten, einüben und zur Wirkung bringen.
- Unter der zunehmenden Komplexität und Unübersichtlichkeit von Lebenswelten leiden insbesondere sozial benachteiligte Familien. Diese beeinflussen maßgeblich die Kooperation von Eltern mit der Schule, was von mangelnder Unterstützung ihrer Kinder bei schulischen Forderungen über nicht mehr

erkennbarem Interesse an schulischen Erfolgen bis hin zu Aberkennung jeglicher Kompetenz von Lehrkräften reicht. Schule muss vor diesem Hintergrund Elternarbeit neu konzipieren.

- Die verschärfte Arbeitsmarktsituation führt dazu, dass mehr Kinder und Jugendliche in Armut und sozialer Benachteiligung aufwachsen und darüber hinaus auch innerlich zu verarmen drohen. In der Schule entsprechen diese Schülerinnen und Schüler oft nicht mehr den Erwartungen, die Lehrkräfte – auch aus der eigenen Entwicklung herleitend – an Kinder und Jugendliche haben. Schule steht in der Gefahr, hierin gar Verhaltensauffälligkeiten zu etikettieren.

3.5 Verhaltensauffälligkeiten

Im Zentrum der Fortbildung *Starke Lehrkräfte – Starkes Team* stehen Lehrkräfte, die in den Rummelsberger Förderschulen Kinder und Jugendliche unterrichten, die als erziehungsschwierig bzw. verhaltensauffällig bezeichnet werden können und für die ein Förderbedarf in der emotionalen und sozialen Entwicklung festgestellt worden ist. Lehrkräfte erleben diese Schülerinnen und Schüler als die, die ihren Unterricht stören und die die regulären Abläufe, die Realisierung ihrer Planung beeinflussen (vgl. Stein 2004, S. 63). Wahrgenommen werden Verhaltensweisen, die zu bezeichnen sind

- als oppositionell (hält Regeln nicht ein, bricht sie; tut nicht, was er/sie tun soll),
- aggressiv (beschimpft, schlägt, bricht in Wutanfälle aus),
- hyperaktiv, mangelnde Selbstkontrolle zeigend (wenig Rücksicht und Schuldgefühle, fordert Belohnung ein),
- ängstlich, depressiv, zu wenig soziale Fähigkeiten entwickelt (hat keine Freunde, sucht permanent Aufmerksamkeit).

Dem ist gegenüber zu stellen, dass Kinder und Jugendliche mit (massiven) Verhaltensauffälligkeiten wiederholt erleben müssen, sich als Person nicht verständlich machen zu können. Was sie anderen mitteilen möchten, kommt nicht an; ihre Botschaften laufen aus unterschiedlichen Gründen ins Leere. Vor allem aber ist festzustellen, dass ihre inneren Notwendigkeiten gar keine anderen Lösungen zulassen. Sie bleiben unverstanden, weil sie sich selbst nicht verstehen, sind in sich verfangen und verstricken andere gleichermaßen (vgl. Ahrbeck 2011, S. 350 ff.).

Verhaltensauffälligkeiten sind keine objektiven Gegebenheiten, vielmehr sind sie als „Verhältnisstörungen“ (Kobi 2010, S. 89) zu sehen, die maßgeblich von der Wahrnehmung und Bewertung durch Erzieherinnen und Erzieher bestimmt sind. Sie, die Erwachsenen, „sind im Besitz der Definitionsmacht (der

Erwachsene gegenüber dem Kind)" (Herz 2013, S. 13), wobei sie diese in ihre Bewertung „gesellschaftliche(r) Konventionen, Normen und Standards" (ebd., S. 10) einbeziehen.

Den schulischen Kontext betrachtend bevorzugt Birgit Herz im Blick auf Verhaltensauffälligkeiten, „von institutionellen und sozialen Desintegrationsprozessen bei schulpflichtigen Heranwachsenden zu sprechen" (ebd.). Auf das Problem einer „pädagogischen Theorie der Erziehung und Bildung *schwieriger* Schüler" weist Marc Willmann hin, wenn er ausführt, dass das

> „Problemverhalten der Kinder im Unterricht einerseits immer im Fluss ist, weil es erst in der sozialen Interaktion im Klassenzimmer erzeugt wird, und es andererseits kontext- und beobachtersensitiv ist, abhängig von der Problemwahrnehmung und Situationsdeutung der Beteiligten (Lehrer und Schüler)" (Willmann 2012, S. 150, Herv. i. O.).

Verhaltensauffälligkeiten zählen „zu den zentralen, d. h. das Ich-Selbst der Person unmittelbar betreffenden und bedeutenden Lernerschwernissen" (Kobi 2010, S. 101). Zu ihnen käme es nicht, wenn „das Zusammenspiel der Motivationssysteme Bindung/Wunsch nach Zugehörigkeit einerseits und Selbstbehauptung/Wunsch nach Autonomie andererseits" (Reiser 2013, S. 326) gemeinsam wachsen würde.

Als Ursachen für Verhaltensauffälligkeiten sind „Sozialisationsbedingungen verantwortlich, die Entwicklungsstörungen zur Folge haben, die schon früh angelegt sind und in der Schule verstärkt oder modifiziert werden können" (ebd.). Damit kommt das Lehrerhandeln ins Spiel: Im interaktionistischen Verständnis ist darauf zu verweisen, dass „Verhaltensauffälligkeiten auf die Wechselwirkung zwischen bestimmten Person-Variablen und bestimmten Qualitäten der aktuellen Situation" (Stein/Stein 2006, S. 43) zurückzuführen ist.

Auf eine weitergehende Diskussion, bzw. eine systematische Darstellung von Ursachen, Störungsbildern, therapeutischen, heilpädagogischen Maßnahmen usw. wird hier verzichtet, weil im Fokus dieser Ausführungen das Lehrerhandeln ist. Lehrerhandeln, das in der konkreten Unterrichtssituation von Konflikten beeinflusst wird, die möglicherweise schon länger schwelen; in denen es zu Konflikten kommt, die die Lehrkraft als „zweiten Sieger vom Platz gehen" lässt, sie aber am nächsten Tag wieder mit dem „Sieger" konfrontiert ist. Und selbst eine im Kollegium, eingebunden in Absprachen mit Fachdiensten, gewachsene Erkenntnis, dass für die Schülerin oder den Schüler ein Wechsel der Betreuungsform notwendig sein wird, entlässt die Lehrkraft nicht daraus, bis zum Einsetzen der Maßnahme mit eben diesen zurecht zu kommen. Dies alles fordert dazu heraus, den eigenen Anteil an der sich aufschaukelnden Konfliktsituation wahrzunehmen, bzw. darüber nachzudenken, welche Signale übersehen wurden, die von Schülerinnen und Schülern gezeigt worden sind.

Signale auffälligen Verhaltens

Setzt man sich mit schwierigem, auffälligen Verhalten in der Schule auseinander, dann bemüht man sich – in einem ersten Schritt – herauszufinden, warum dieses Verhalten gezeigt wird. Die Warum-Frage, die nach Ursachen, stößt allerdings schnell an Grenzen. Und selbst, wenn man Ursachen kennt, ist das Problem, wie man mit schwierigen, auffälligem oder störenden Verhalten umgehen soll, noch nicht gelöst. Zielführender ist eher, nach dem wozu zu fragen: wozu dient der Schülerin oder dem Schüler diese Verhaltensweise in dieser spezifischen Situation.

> „Nicht jede Beleidigung will verletzen und nicht jeder geworfene Stuhl will treffen, sondern ist möglicherweise Ausdruck eines Lösungs- oder Anpassungsversuchs für eine bestimmte Situation, in der es um Angst vor ausbleibender Anerkennung, den Wunsch nach Beziehung oder die Sehnsucht nach Zuwendung geht" (Müller 2018, S. 20).

Diese Beispiele mögen ausreichen, um die Dimensionen des interaktionistischen Erklärungs- und Handlungsansatzes aufzuzeigen, in dem Signale zu erkennen und diese in pädagogisches Handeln umzusetzen eine zentrale Bedeutung zukommt.

> „Bei Verhaltensauffälligkeiten (als qualitativ negativ normbezogene Abweichungen des Erlebens und Verhaltens von Kindern und Jugendlichen) handelt es sich um Signale für eine dahinterliegende Störung. Sie sind im engeren Sinne nicht (ursächlich) an der Person der Betroffenen verhaftet (im Sinne einer auffälligen oder *krankhaften* Persönlichkeit), sondern kommen, etwa durch aktuelle, oft belastend erlebte Umweltbedingungen zustande" (Stein 2011, S. 32 f.).

Störungsrelevante Umweltbedingungen werden hier auf die Situation in Klasse und Schule eingeschränkt, auf die aktuelle Situation des Unterrichts, die Klassenatmosphäre, die den Unterricht „umgebenden" Pausensituationen. Zudem ist es das unterrichtsimmanente Erleben eigener Selbstunsicherheit der Schülerinnen und Schüler, gefühlt als Über- oder Unterforderungssituationen, die Störungen auslösen. Beiden gemeinsam ist, dass Schülerverhalten gezeigt wird, von dem sich Lehrkräfte „gestört" fühlen; oft auch im Zusammenhang mit sich nicht erfüllenden Verhaltenserwartungen.

Auffälligkeiten im Verhalten und Erleben der Schülerinnen und Schüler stellen – in einem ersten Zugang – ein Signal dar, das auf eine Interaktionsstörung zwischen der Person und den Situationen, in denen sie lebt und sich bewegt, hinweist (vgl. Stein 2013, S. 109). Dieses Signal fordert die Bereitschaft und Fähigkeit der Lehrkräfte, gestörte bzw. belastete (insbesondere auch verdeckt auftretende) Interaktionen hinsichtlich ihres Entstehens zu reflektieren. Reflektieren ist gefordert, da Verhaltensauffälligkeit bzw. Verhaltensstörung wie ausgeführt, keinen objektiven Sachverhalt markiert. Reflektieren ist gefordert, um die situations- und beobachterabhängige Störungszuschreibung wahrzunehmen und daraus verändertes Lehrerverhalten abzuleiten.

Werden Auffälligkeiten als beeinflussbare Entwicklungsfaktoren verstanden, die Defizite in der sozial kognitiven Informationsverarbeitung von Kindern und Jugendlichen zeigen, können sie von Lehrkräften nicht nur verstanden werden, sondern bei ihnen auch förderliche Konsequenzen auslösen (vgl. Lemrise/Arsenio 2000: „Modell der sozial-kognitiven Informationsverarbeitung").

Für jedes Kind, und insbesondere für das verhaltensauffällige, gilt, dass es für seine Entwicklungsfortschritte Erfolge, Herausforderungen, Zuneigung und Anerkennung braucht, dass es unter Misserfolgen leidet, aber auch Spaß und Freude am Lernen haben will (vgl. Opp/Unger 2003, S. 56): Es kooperiert in seinen Lebenswelten, also auch in der Schule. Wenn aber diese vom Kind als destruktiv organisiert erlebt und kindliche Grundbedürfnisse missachtend wahrgenommen werden, dann erhält die kindliche Kooperation destruktive Qualität (vgl. Juul 1997).

Oft erleben verhaltensauffällige Schülerinnen und Schüler die Klassensituation als destruktiv oder provozierend in Belastungssituationen, wie unbekannt, druckvoll, unübersichtlich, selbstwertbedrohend (vgl. Stein 2013, S. 109). In diesem Sinne ist für den schulischen Kontext bedeutsam, dass „der Druck in der Schule bei der kindlichen Belastungsstörung eine ganz starke Rolle spielt" (Enderlein 2012, S. 5). „Die größte Angst von Kindern in Deutschland ist die Angst, in der Schule zu versagen. Dieser Druck, den die Schule ausübt, der macht sich dann in Form psychischer Probleme bemerkbar" (ebd.).

Verhaltensauffälligkeiten sind folglich auch Signale für (nicht oder nicht ausreichend ausgeprägte) Strukturgebung, für Interventions- und Präventionsbedarf in Unterricht und Erziehung. Somit haben die von verhaltensauffälligen Schülerinnen und Schülern ausgehenden Verhaltensweisen die Signalwirkung, dass das Unterrichtsgeschehen auf förderliche (z.B. Halt gebende, Lernzuwächse ermöglichende, die Schülerpersönlichkeit wertschätzende, ihre Ängste und Befürchtungen wahrnehmende ...) Aspekte hin zu untersuchen ist. Anlass hierfür könnte z.B. die Mitschüleräußerung: „Lass dir nichts gefallen!" sein.

Sodann kann sich in auffälligem Schülerverhalten die Diskrepanz zeigen, die zwischen Erziehungsgrundsätzen in der Schule und dem besteht, welchen Erziehungseinflüssen Schülerinnen und Schüler in ihren Familien ausgesetzt sind, bis dahin, dass Eltern ihre Kinder auffordern, Konflikte keineswegs in sozial vertretbarer Weise zu lösen. Die Signale wahrnehmen, heißt Verhaltensauffälligkeiten in einen sozioökonomischen, gesellschaftlich bedingten Zusammenhang zu stellen, und andererseits in der Schule Gültiges nicht als bekannt vorauszusetzen, sondern es zum Inhalt im Unterricht zu machen.

Um die Signale nicht nur wahrzunehmen, sondern sie in das eigene pädagogische Handlungskonzept aufzunehmen, ist die *rückbezügliche Reflexion* über Erziehliches und Unterrichtliches erforderlich. Erkenntnisse aus dem Reflexionsprozess wiederum haben Auswirkungen auf künftiges pädagogisches Handeln. Für das Lehrerhandeln im Hinblick auf verhaltensauffällige Schülerinnen und Schüler kommt damit insbesondere *Prävention* ins Spiel; Prävention weit gewichtiger als Intervention, wobei auch diese nach dem reflexiven Grundsatz in ihrer Wirksamkeit zu betrachten ist. Beides, rückbezügliche Reflexion und Prävention, werden als wesentliche Merkmale *professionellen Lehrerhandelns* angesehen.

Zusammenfassend und für den Schwerpunkt „Reflexion des eigenen Lehrerhandelns“ im Rahmen der Fortbildung *Starke Lehrkräfte – Starkes Team* ist festzuhalten:

- Der interaktionistische Erklärungsansatz für Verhaltensauffälligkeiten lässt erkennen: Etwas in der Interaktion zwischen einem Kind und den situativen Bedingungen, in denen es sich befindet, läuft nicht regelgerecht und konstruktiv. Dabei wird der Tatsache Rechnung getragen, dass sowohl die beteiligten Personen wie beispielsweise Lehrkräfte und Schülerinnen und Schüler, aber auch die Bedingungen und Anforderungen einer Situation eine Rolle spielen können – und dies zumeist in einem komplexen, wechselseitigen Verhältnis.
- Störungen werden im Ergebnis zwar an den Schülerinnen und Schülern als Auffälligkeiten des Verhaltens und Erlebens offensichtlich. Diese sollten aber als Auftrag verstanden werden, die sich hinter ihnen verbergende Störung zu erkennen, die dann eben nicht zwingend am auffälligen Kind festgemacht werden kann.
- Die Beurteilung auffällig oder nicht hängt auch stark vom Zeitgeist ab, von bestimmten soziokulturellen Erwartungen der beurteilenden Lehrkräfte, der sozialen und kulturellen Herkunft des Kindes, den bestehenden Erwartungen an das Kind in seiner Geschlechterrolle oder auch altersbezogenen Normen. Der oder die Beurteilende muss sich solche Zusammenhänge bewusstmachen, sich nicht nur vom gezeigten Verhalten eines Kindes und dem eigenen Empfinden diesem Verhalten gegenüber beeindrucken lassen, sondern sich im tieferen Verstehen des Verhaltens einerseits um das subjektive Erleben – das des Kindes ebenso wie das eigene – sowie andererseits um die zugrundeliegenden Beurteilungsmaßstäbe bemühen und diese gegebenenfalls revidieren (vgl. Müller 2018, S. 27 f.).
- Verhaltensauffällige Schülerinnen und Schüler senden Signale. Wenn sie von Lehrerinnen und Lehrern entschlüsselt werden, eröffnen sich Handlungsräume: weg von der Situation des (hilflosen) Reagierens hin zu der des aktiven Gestaltens. Aktivität (zurück)gewinnen heißt, Strukturen schaffen oder präzisieren, Halt geben und Grenzen setzen, förderliche Forderungen stellen und Erfolge ermöglichen, sowie eigene Entlastung erleben, die Zuwendung ermöglicht.

- Signale entschlüsseln heißt, aus dem Geschehen herauszutreten und es aus der Perspektive der Beobachterin oder des Beobachters zu betrachten. Betrachtung von außen lässt eigene Anteile am Entstehen von schwierigen Situationen erkennen, lässt erzieherisch Gesolltes reflektieren und verhilft zu einer Weitung des Handlungsrepertoires.
- Signale erkennen heißt, über die eigenen Belastungen hinaus die nicht zu übersehen, denen verhaltensauffällige Schülerinnen und Schülern ausgesetzt sind; heißt über Wissen Einfühlungsvermögen zu entwickeln, das für Förderung öffnet.
- Selbststeuerung von Schülerinnen und Schülern zu erwarten, heißt, sie als Lehrkraft selbst zu zeigen, Modell für lösungsorientierte Konfliktbewältigung zu sein.

Bindung und auffälliges Verhalten

Doch noch einmal über Ursachen für Verhaltensauffälligkeiten nachzudenken lohnt sich, vor allem hinsichtlich des Themenkomplexes Bindung. Damit wird ein aktuell diskutierter, bisher eher vernachlässigter Begründungsansatz in den Blick genommen, der auch im Fortbildungskonzept *Starke Lehrkräfte – Starkes Team* eine Rolle spielt.

> „Die seelische Bindung wird als grundlegender emotionaler Bezug zwischen Menschen und zwischen Mensch und Umwelt angesehen. Sie geschieht meist unbewusst und basiert auf Erfahrungen mit Körperkontakt und Gefühlen" (Bowlby 2005).

Bowlby unterzieht Eltern-Kind-Beziehungen einer systematischen Betrachtung. Entscheidend für wachsende tragfähige Bindungen ist demnach, dass „Eltern feinfühlig mit ihrem Kind umgehen und dabei seine Signale richtig lesen und beantworten, das Kind weder unter- noch überversorgen, weder vernachlässigen noch überbehüten" (ebd., S. 34). Reaktionen der Eltern auf Signale des Kindes sollen in einer angemessenen Frustrationszeit erfolgen. Wesentlich in der Entwicklung seien die ersten drei Lebensjahre. In diesen sind die Bindungserfahrungen maßgeblich entscheidend, dass im späteren Leben mit Gefühlen wie Liebe, Angst, Wut, Scham, Stolz umgegangen werden kann.

Die unterschiedlichen Verhaltensweisen von Eltern lassen sich typisieren, weshalb die Bindungstheorie von drei Bindungsmustern spricht:

Sicher gebundene Kinder reagieren bei Trennung (z. B. in der sogenannten fremden Situation) auf die Wiederkehr der Mutter mit Freude und wollen getröstet werden. Sie beruhigen sich schnell und setzen ihr Spielen fort.

Unsicher-vermeidend gebundene Kinder reagieren auf Trennung mit wenig Protest und spielen weiter. Sie wollen bei Wiederkehr eher nicht getröstet werden und suchen keinen intensiven Körperkontakt. *Unsicher ambivalent ge-*

bundene Kinder zeigen bei Trennung großen Stress und weinen heftig. Sie lassen sich kaum beruhigen und tun sich schwer, ins Spiel zurückzufinden. Im Körperkontakt suchen sie Nähe, um getröstet zu werden, wehren sich zugleich aber auch, um ihre Wut zum Ausdruck zu bringen (vgl. Müller 2018).

Während diese Bindungsmuster als *normale* zu bezeichnen sind, sind als Ursache für Verhaltensauffälligkeiten folgende Fehlentwicklungen bedeutsam:

> „Wachsen Kinder in Dauerstresssituationen auf oder erleben Traumatisierungen, kann es zu einer Bindungsstörung kommen, die sich in desorganisierten Verhaltensweisen ausdrückt. Ihr Bindungsmuster wird dann entweder als *unsicher-vermeidend-desorganisiert* oder als *unsicher-ambivalent-desorganisiert* bezeichnet.
>
> Kinder, die unsicher-vermeidend-desorganisiert gebunden sind, haben oft Erfahrungen der Vernachlässigung gemacht und früh gelernt, dass von Erwachsenen keine Sicherheit ausgeht. Ihre Erkenntnis lautet: Auf Erwachsene kann man sich nicht verlassen, von ihnen geht Gefahr aus, und man sollte sie lieber meiden. Sicher kann man sich nur fühlen, wenn man für sich sorgt. Dagegen haben unsicher-ambivalent-desorganisierte Kind oft die Erfahrung gemacht, dass nicht klar ist, ob sie sich auf Erwachsene verlassen können. Ihre Erkenntnis lautet: Man kann nicht wissen, ob man sich auf Erwachsene verlassen kann, deshalb ist es besser, die Beziehung zu Erwachsenen ständig zu prüfen und zu testen“ (ebd., S. 34f.).

Im Unterricht lassen sich Bindungsstörungen nur schwer diagnostizieren – es lassen sich aber Hinweise auf vorliegende finden, mit wichtigen Folgerungen für den Unterricht.

- Wenn Kinder unsicher-vermeidend-desorganisiert gebunden sind, dann zeigen sie kaum Verunsicherung oder Angst. Das heißt nicht, dass diese nicht existieren. Der Lehrkraft gegenüber allerdings bestreiten sie, Hilfe und Unterstützung zu bedürfen. Ausdruck dieser Auffälligkeit ist, dass emotionale und körperliche Nähe der Lehrkraft abgelehnt und nur schwer ausgehalten wird, was sich in aggressiven Reaktionen zeigen kann. Diese können bereits im Zusammenhang mit Arbeitsaufträgen, weit mehr bei Konfliktgesprächen auftreten.
- Kinder, die unsicher-ambivalent-desorganisiert gebunden sind, zeigen ein hohes Maß an Ängsten und Unsicherheiten. Diese äußern sie auch. Ihr überaus hohes Bedürfnis an Zuwendung durch die Lehrkraft halten sie auch durch, wenn sie Strafen gewärtig werden müssen. Handlungsleitend ist für sie, die Aufmerksamkeit der Lehrkraft zu erhalten.

In Klassen mit dem Förderschwerpunkt emotionale und soziale Entwicklung, ist davon auszugehen, dass hier Schülerinnen und Schüler mit den aufgezeigten Bindungserfahrungen gemeinsam unterrichtet werden. Die je erforderlichen individuellen Fördermaßnahmen fordern Lehrkräfte heraus. Es bedarf an Wissen, das Beobachtung leitet, an Reflexion, die Aktivitäten problematisiert und ggf.

verändert; an Überwindung blinder Flecken, die aus persönlichen Bindungserfahrungen herrühren und an Bereitschaft, sich als Bindungspartner bis hin zu einer temporären Bindungsperson anzubieten, den Unterricht feinfühlig zu gestalten.

Verlässliche Beziehungen konstituieren Erziehung. Das Fundament kindlicher Entwicklung sind *sichere Bindungen* mit primären Erziehungspersonen, sind Erfahrungen von Vertrauen, Empathie, Achtung, Erfolg, Hilfe und Geschätztwerden. Gleiches gilt auch für Lehrkräfte, die ebenso den kindlichen Entwicklungsprozess beeinflussen. Professionelle Erwachsene sind verantwortlich dafür, dass sich eine gegenseitige Annäherung und ein Verstehen entwickelt, was erst durch gemeinsames Erleben und Interaktionen in vielen Handlungszusammenhängen entstehen kann. Diese besondere Form der Interaktionsgestaltung in der Erziehung hat Hermann Nohl als pädagogischen Bezug (vgl. Nohl 1988) idealtypisch beschrieben. Er misst der Persönlichkeit des Erziehers oder der Erzieherin (Nohl betont die von ihr ausgehende pädagogischen Liebe) besondere Bedeutung zu. Sie mache aus, den zu Erziehenden Freiraum für die Selbstentfaltung zu gewähren, ihnen aber auch Grenzen zu setzen, damit dieser Freiraum sicher und gefahrlos genutzt werden kann, und dies mit Feingefühl und Zurückhaltung.

In der Lehrer-Schüler-Interaktion bestimmen die „Vorleistungsqualität des Vertrauens“, aber auch die „Klarheit und Eindeutigkeit im Sprechen und noch mehr im Handeln“ (Schad/Müller/Stein 2013, S. 3) auf Seiten der Lehrkräfte das Geschehen. Die pädagogische Beziehung ist nicht gleichwertig, sondern geprägt von der „Differenz der Lebensalter, der Differenz an Erfahrungen, der Differenz der zugeordneten Rollen sowie der Asymmetrie im Verhältnis von erziehender und zu erziehender Person“ (ebd.).

Kinder und Jugendliche mit auffälligem Verhalten brauchen Pädagoginnen und Pädagogen, die unterstützen und helfen, im gemeinsamen Alltag auf sich selbst und die eigenen Fähigkeiten zu vertrauen. Besondere Bedeutung kommt der von Lehrkräften zu leistenden emotionalen Unterstützung zu: gegenseitiges Geben und Erhalten von Zuneigung, persönliche Offenheit, Verständnis und Akzeptanz, Selbstachtung und Vertrauen. Der Subjektivität der Schülerinnen und Schüler müssen Lehrkräfte gegenüberstehen, die Beweggründe für ihr Handeln, ihre Emotionen und ihre Überlegungen kundgeben. Die jungen Menschen können dadurch neue Verständniszugänge zu ihrer eigenen Geschichte erfahren, da sie mit der Zeit Muster von Handlungsabläufen und neue Wege des Herangehens an Herausforderungen erfahren bzw. erfahrenes Scheitern besser verstehen können.

Im Folgenden wird die Betrachtung Schülerauffälligkeiten und Erziehung verlassen und die Lehrerseite in den Blick genommen, ihre Ausbildung, und um den langfristigen Aspekt zu betonen, eine – den staatlichen Rahmen sprengende – Weiterbildung.

4 Begründung des Fortbildungsprogramms vom Wissen und Können der Lehrkräfte

4.1 Lehrerbildung

Inwieweit Lehrerbildung Voraussetzungen für professionelles Lehrerhandeln in schwierigen Erziehungssituationen schafft bzw. insbesondere die Lehrerfortbildung Defizite ausgleichen muss, die auf die Fortbildungsinitiative *Starke Lehrkräfte – Starkes Team* verweisen, steht im Fokus der folgenden Ausführungen.

Unterricht kann nur erfolgreich sein, wenn Lehrkräfte über ein ausreichendes fachliches Wissen über die Lerngegenstände verfügen, aus dem sich didaktische Folgerungen ergeben. Des Weiteren müssen sie über methodische Kenntnisse verfügen und wie diese – einschließlich des Wechsels der Sozialformen im Unterricht – vermittelt werden. Dieser Aspekt wird hier eher ausgeblendet und vielmehr auf Defizite der Lehrerbildung hinsichtlich Wissens- und Könnens-„Ausbildung" für den Umgang mit verhaltensauffälligen Schülerinnen und Schülern eingegangen.

Defizite sind bereits in der universitären Ausbildung festzustellen: Tatsache ist, dass die Fachwissenschaften an den Universitäten in Deutschland „die pädagogisch-psychologischen und sozialwissenschaftlichen Grundlagenfächer dominieren: In Deutschland sind 4/5 Fachstudien und 1/5 Grundlagenstudium üblich. International ist diese Relation oft genau umgekehrt" (Reich 2009, S. 30). Reich spricht von einer „rationalistischen Inhaltsdominanz der Fachwissenschaften" (ebd.).

Aber: das zu beobachtende Handeln der in der Lehrerbildung aus- und weitergebildeten Personen verändert sich trotz vorhandenem (Theorie-) Wissen kaum oder nur in ganz wenigen (Ausnahme-) Fällen (vgl. Beck et al. 2008, S. 50). Eine Feststellung, die hohe Relevanz für die Lehrerfortbildung hat, die nachholen muss, was versäumt wurde und die Jürgen Oelkers bestätigt, wenn er ausführt, dass die heutige Lehrerbildung mit Theorien beginnt, die auf sehr umständlichen Wegen zur Praxis führen (vgl. Oelkers 2000). Das Könnensbewusstsein wächst aber nicht mit der Zahl gelesener wissenschaftlicher Aufsätze. Weil das so ist, sollte die Ausbildung möglichst früh für *Ernstfallsituationen* sorgen, was sie aber nicht tut.

Interessant ist in diesem Zusammenhang Armin Müllers Empfehlung an die Lehre in der gesamten Erziehungswissenschaft, „sich auf die Anfänge und die reichhaltige Methodik des pädagogischen Falles zu besinnen und sie im Kanon der Lehrinhalte in Form von Fallstudienseminaren zu berücksichtigen. Die sogenannte Grundausbildung verschlingt die meisten Ressourcen, die aber mit dem Ernstfall nichts zu tun hat. Nach dem Examen, also der abgeschlossenen Ausbildung beginnt der selbstverantwortete Unterricht mit weitgehend unkontrollierter Selbständigkeit" (Müller 2004, S. 185).

Unter dem Aspekt Analyse und Bewältigung schwieriger erziehlicher Situationen, die sich nicht nur in Förderschulen ereignen, hätte sich die universitäre Lehrerbildung, neben der kognitiv ausgerichteten Wissensvermittlung und praxisorientierten Kompetenzaneignung, stärker als bisher der Förderung von sozialen und personalen Kompetenzen zu widmen (vgl. Bosse/Dauber 2005, S. 57). Diese Verhaltenskompetenz der Lehrkräfte meint Kommunikations-, Kooperations- und Konfliktfähigkeit ebenso, wie die Fähigkeit, eigenes Verhalten in seinen Wirkungen auf andere einzuschätzen und nötigenfalls zu verändern.

4.2 Reflexion des Lehrerhandelns

Unverzichtbare Voraussetzung für professionelles Lehrerhandeln, und dies gilt gleicherweise für die erziehliche als auch die unterrichtliche Tätigkeit, ist das Reflektieren über eben dieses Handeln. Dies ist in der „paradoxalen Handlungsstruktur" (Wimmer 1996, S. 429) des Pädagogischen begründet, das darin besteht, dass die Wirkung pädagogischer Akte im Vollzug des Geschehens ungewiss ist, weil dem Verstehen des Gegenübers, der Schülerin und des Schülers, Grenzen gesetzt sind. Es bleibt also, schlicht gesprochen, unklar, ob das ankommt, was die Lehrkraft intendiert hat. Damit ist nicht dem ziellosen Unterrichten und Erziehen das Wort geredet, sondern der weit anspruchsvolleren Aufgabe, die Wirkung pädagogischer Akte, die bei Schülerinnen und Schülern zu erkennen sind, auf eigene erfolgreiche oder weniger erfolgreiche Lehreraktivitäten hin zu beziehen. Ob und insbesondere warum ein Konfliktgespräch Wirkung erzielt hat oder nicht, ist folglich Anlass dafür, dass die Lehrkraft ihren Gesprächsanteil reflektiert, sich in die Rolle der Schülerin und des Schülers versetzt, sich gleichsam einem Perspektivenwechsel unterzieht.

Eine von Jürgen Oelkers vorgelegte Studie zur Lehrerbildung kommt zu dem Schluss, dass „eine der größten Herausforderungen künftiger Lehrerausbildung sein wird, jene Elemente und Berufsverläufe, die sich auf Grund *günstiger* Umstände, Zufälligkeiten oder persönlichem Bestreben eingestellt haben, systematisch in Aus- und Fortbildung zu integrieren, eine Reflexion, ausgehend von positiv erlebten Situationen" (Oelkers 2010, S. 11; Herv. i. O.). Fallverstehen komme eine konstitutive Rolle im pädagogischen Handeln zu, um strukturbezogene hermeneutische Kompetenz in einer Analyse der Besonderheiten der Fälle zu entwickeln. In ihm müsse Selbstreflexion und Selbsterfahrung geleistet werden, die auf persönliche und berufsbezogene Reflexion Anderer angewiesen ist. Fallbezogene, reflexive Handlungskompetenz, die didaktisches Handeln, aber insbesondere die Dynamik der Prozesse im Klassenzimmer und die Heterogenität der Schülerschaft sowie schwierige Erziehungssituationen betrifft, in der ersten Phase der Lehrerbildung grundgelegt, würde das Problem lösen, dass sich Lehrerbildung „nur auf naive Theorien, Praxisempfehlungen und Unterrichtsratschlägen bezieht, weil sie die entscheidenden Grundlagen für die stets persönliche Reflexion über das schulische und unterrichtliche Geschehen und die Voraussetzungen für die konstruktive Weiterentwicklung des eigenen Denkens und Tuns“ (Dubs 2008, S. 14) bieten könnte, was bislang die Lehrerbildung nicht erreicht hat.

In den Rummelsberger Förderschulen unterrichten Lehrkräfte, die unterschiedliche Lehrämter studiert haben. Die aufgezeigten Defizite variieren dort zwar, die dargestellte Grundproblematik gilt jedoch übergreifend. Eher Gleiches ist hinsichtlich Lehrerfortbildung anzunehmen, da hier Angebote – insbesondere erzieherische Thematiken betreffend – schulartübergreifend wahrgenommen werden könnten, wofür es aber im staatlichen Bereich auch an Angeboten mangelt.

4.3 Lehrerfortbildung

Lehrerfortbildung hat die Aufgabe, die Lehrkräfte in ihren fachlichen, didaktischen und erzieherischen Kompetenzen weiterzuentwickeln mit der Intention, die Professionalisierung der Lehrertätigkeit zu verbessern. Sie ist die längste Phase der Lehrerbildung, da sie mit dem Dienstantritt der Lehrkräfte beginnt und erst nach 35 bis 40 Jahren mit dem Eintritt in den Ruhestand endet.

Bei den staatlichen Angeboten dominieren Halbtagesveranstaltungen. Auch wenn dieses Setting für viele Inhalte ausreichend ist – für die Bewältigung schwieriger Erziehungssituationen genügt es nicht. Für die Fortbildung *Starke Lehrkräfte – Starkes Team* ist vielmehr dem namhaften Bildungsforscher Frank Lipowsky (vgl. Lipowsky 2014) zu folgen. Um Routinen und Handlungsmuster von Lehrkräften, die sich im Berufsleben ausgebildet haben aufbrechen und verändern zu können, sind Fortbildungen notwendig, die sich über einen längeren Zeitraum erstrecken. Sie sollten mehrtägig ausgerichtet sein. Lipowskys Maximalforderung: unterschiedliche Phasen – Input-Phase, Erprobungsphase, Reflexionsphase mit ausreichend Zeit dazwischen, in denen die Lehrkräfte Wissen vertiefen, Kompetenzen erproben und Lernprozesse von Schülerinnen und Schülern analysieren und dokumentieren können.

Lehrerfortbildung für die Bewältigung schwieriger Erziehungs- und Unterrichtssituationen muss Wissen über Verhaltensauffälligkeiten und spezifische Förderungen liefern. Dieser als Grundlagenwissen zu bezeichnende Inhalt kann und will Lernprozesse auslösen, die Veränderungen in der Lehrer-Schüler-Interaktion und hinsichtlich einer förderlichen Lehr-Lernkultur ermöglichen. Nachhaltigkeit der Veränderungen ist anzustreben, die darin mündet, dass Lehrkräfte Reflexion des eigenen Handelns und Reflexion des Unterrichts als Voraussetzung für künftig erziehungswirksames Unterrichten selbstständig durchführen.

In dieser besonderen Form der Lehrerfortbildung muss Raum gegeben werden, Emotionen, Ängste und Widerstände zum Ausdruck bringen zu können, vor allem wenn die Auseinandersetzung mit dem eigenen Lehrerhandeln ein Lerngegenstand ist, der einer Erstbegegnung gleichkommt. Im Zeitkonzept sind Praxis- bzw. Erprobungsphasen zu integrieren. Kompetenzentwicklung und -sicherung bedingen schließlich die Thematik im Rahmen einer Fortbildungsreihe im Berufsleben der Lehrkräfte zu implementieren.

4.4 Lehrerfortbildung und Beratung

Beratung stellt im Fortbildungskonzept *Starke Lehrkräfte – Starkes Team* einen Schwerpunkt dar, der weit über das hinausragt was – gegenwärtig – in Veranstaltungen der staatlichen Lehrerfortbildung enthalten ist. Im Folgenden wird thematisiert, ob und wie Beratung in Fortbildungen durchgeführt werden kann und welche Veränderungen im Lehrerhandeln in schwierigen Erziehungs- und Unterrichtssituationen von ihr ausgehen können. Bereits an dieser Stelle sei vermerkt, dass Beratung im Fortbildungskonzept sowohl die im Rahmen der Veranstaltungen geleistete, als auch die meint, die von Fortbildenden auf Nachfrage von Teilnehmerinnen und Teilnehmern über die Veranstaltungen hinaus angeboten wird. Fortbildungsinhalte sind so auch Anlass dafür, dass Beratungsbedarf bewusst wird; um diesen zu erfüllen sind Einzel- und Gruppenberatung auch nach den eigentlichen Veranstaltungen zu organisieren. Es folgen Aspekte einer grundsätzlichen Betrachtung von pädagogischer und sonderpädagogischer Beratung.

Nicht in Zweifel gezogen wird, dass Lehrkräfte insbesondere im Umgang mit Verhaltensauffälligkeiten einen hohen, ständig wachsenden Beratungsbedarf haben. Katharina Gröning (vgl. 2011, S. 19) erkennt in der Entwicklung von Beratung im pädagogischen Raum seit den 1990er Jahren eine Hinwendung zu einer lösungs- und ressourcenorientierten Beratung, die sich der Individualisierung und Modernisierung widmet und sich in neuen Formen der Beratung im Beruf zeigt. Eine grundlegende Schwierigkeit besteht darin, dass

> „in der Pädagogik verbreiteten Werken, Beratung zumeist aus der Pädagogischen Psychologie rekonstruiert und/oder ein therapeutischer Ansatz auf das Feld der pädagogischen Beratung übertragen wird, also ‚die Eigenständigkeit des pädagogischen Handlungstyps Beratung'" (Diouani-Streek 2007, S. 16)

in der Erziehungswissenschaft erst Zug um Zug Eingang gefunden hat. Oliver Hechler erkennt „trotz oder gerade wegen der inflationären Entwicklung der Beratungskonzepte" noch immer ein „Konzeptualisierungsdefizit" (Hechler 2010, S. 21). Dies liege daran, dass pädagogische Begründungen für pädagogische Beratung fehlen.

Diese Feststellung verwundert, da Hechler selbst eine pädagogische Begründung liefert, indem er in der pädagogischen Beratung ein „Mittel der Erziehung" (ebd.) sieht. Mit Stephan Ellinger spricht er davon, dass pädagogische Beratung „quasi den Tatbestand von Erziehung erfüllt" (Ellinger/Hechler 2012, S. 269). Die *Quasi-Einschränkung* ist nachvollziehbar, bezieht sich Beratung ja nicht unmittelbar auf von Pädagoginnen und Pädagogen ausgehende erzieherische Akte, gerichtet an zu Erziehende. Sehr wohl aber beeinflusst pädagogische Beratung mittelbar den Erziehungsprozess, da sie die Interaktion Lehrer-Schüler zum Gegenstand hat und beeinflusst (triadischer Beratungsansatz).

Dies geschieht in vier Dimensionen:

- Pädagogische Beratung überträgt das geschilderte Problem professionell in einen pädagogischen Bezugsrahmen. Der ratsuchende Mensch erlebt die Beraterin oder den Berater als Autorität im positiven Sinn. Im Zentrum der Beratung steht die Aufforderung zur Selbstständigkeit des Ratsuchenden, Probleme bzw. Fehler haben eine positive Bedeutung.
- Der Beratungsprozess zielt auf ein verändertes Verständnis des in die Beratung eingebrachten Problems „im Sinne der Chance zum Perspektivenwechsel" (ebd.).
- In der pädagogischen Beratung geht es

  > „um die Wiedergewinnung einer zur handlungspraktischen Problembewältigung befähigten Wirklichkeitssicht, die zwar immer auch subjektiv erträglich und der individuellen Biographie angemessen sein muss. Sie zeigt dem Adressaten unter Sachdominanz mögliche Varianten der Problemsicht und Handlungsalternativen auf" (Dewe/Schwarz 2011, S. 119)

  in dem Sinne, „die Eigenkompetenz zu erzieherischem Handeln, also die Selbsthilfe-, Selbstverarbeitungs- und Selbstregulationsfähigkeit anzuregen, damit sie sich stärke und verbessere" (Speck 1997, S. 242). Damit sich dies ereignet

  > „zielen die beraterischen Bemühungen auf das Zustandekommen eines spezifischen Lernprozesses, der es dem Ratsuchenden ermöglicht, einen Prozess der Urteilsbildung in Gang zu bringen, der letztendlich zur Selbsttätigkeit als einem zentralen Element einer umfassenden personalen Selbstbestimmung führt" (Hechler 2010, S. 45).

  Selbsttätigkeit als Ziel zeige sich darin, dass Ratsuchende die Fähigkeit wiedergewinnen, auf drängende Fragen selbst Antworten zu finden und sie in Handlungen umzusetzen. Dies wiederum bedeute, Beratung nicht nur auf die Lösung von Fragen der Ratsuchenden zu beschränken, sondern sie vielmehr als die „Initiierung eines pädagogischen Lernprozesses, der es dem Ratsuchenden ermöglicht, seine Frage für sich zu beantworten“ zu sehen (vgl. Mutzeck 2008, S. 68).

- Der Lernprozess ist davon geprägt, dass Bewältigungsstrategien in konkreten Konfliktsituationen entwickelt werden, einerseits durch die Aktivierung der Innensicht des Ratsuchenden.

> „Diese *Innensicht* ist eine handlungsleitende Funktion. Sie beinhaltet die subjektiven Wahrnehmungen, Ursachenbeschreibungen, Sinngebungen, emotionalen Befindlichkeiten, Entscheidungskriterien, Ziel- und Wertvorstellungen, Planungsaspekte etc.“ (ebd., S. 69, Herv. i. O.),

also auch die subjektiven Theorien des Ratsuchenden. „Diese nicht oder nur gering zu beachten – sowohl bei der Analyse und Lösungsfindung eines Problems als auch beim Planen oder Vorbereiten der Umsetzung der Bewältigungsstrategie – bedeutet eine Verringerung bzw. eine Verhinderung erfolgreicher Veränderung“ (ebd.). Andererseits ist der Lernprozess bestimmt durch Wertorientierung bei der Beurteilung von Situationen, eingebracht von den Beraterinnen und Beratern.

Im Typus kommunikativen Handelns der pädagogischen Beratung bietet eine Expertin oder ein Experte einem zu Beratenden im Hinblick auf ein Problem oder auch eine Krise Informationen, Deutungen und Empfehlungen an, die den zu Beratenden in seiner Bewältigungs- und Selbststeuerungsfähigkeit im Hinblick auf das Problem oder die Krise unterstützen soll (vgl. Stein 2012, S. 281). Dies könne sie oder er nur als beratende Expertin oder beratender Experte, wenn sie oder er über Fachwissen im Hinblick auf Beratung, Kommunikation und Beziehungsgestaltung bezogen auf das jeweilige Problemfeld verfügt. Den Kompetenzen der Beraterinnen und Berater stehen als Grundvoraussetzungen für erfolgreiches pädagogisches Beraten die Autorität, Veränderungswilligkeit sowie Aktivität des zu Beratenden gegenüber (ebd., S. 282).

Sonderpädagogische Beratung leistet die beidseits sinnstiftenden Übersetzungen und Mediationen, indem sie die Interaktionen zwischen Lehrkraft und Kind, zwischen Lehrkraft, Kind und Klasse mit der Lehrkraft reflektiert und zu Lösungsstrategien verhilft. Über diesen Auftrag hinaus richtet sich sonderpädagogische Beratung im Kontext mit verhaltensauffälligen Schülerinnen und Schülern auch auf das Interaktionssystem Klasse als Auslöser für auffälliges Verhalten.

Schließlich ist auf die (sonder-)pädagogische Beratungskompetenz einzugehen. Roland Stein stellt hierzu fest, dass „vertiefte Überlegungen dahingehend notwendig sind, welche Anforderungen an eine kompetente und professionelle Ausübung solcher Aufgaben sowie auch an die Qualifizierung hierzu gestellt werden müssen“ (ebd., S. 283). Er führt dazu wesentliche Aspekte aus, von denen die folgenden herausgegriffen werden:

- Von sonderpädagogischer Beratung ist dann zu sprechen, wenn sie von „qualifizierten Sonderpädagoginnen und -pädagogen angeboten und sich auf besondere Probleme und Krisen in Kontexten der Erziehung und Bildung, die mit Behinderungen, Beeinträchtigungen und Störungen einhergehen“ (ebd.).
- Sonderpädagogische Beratung „bedarf eines spezifischen Ethos das sich u. a. in der, besonderen Anwaltschaft für Menschen mit Behinderungen und Beeinträchtigungen“ (ebd.) zeigt.

Rollenverhältnis in der pädagogischen Beratung

Im Gegensatz zur Alltagsberatung, die weitgehend von einem gleich zu gleich von Ratsuchenden zu Ratgebenden geprägt ist,

> „ist die Beziehung zwischen Ratsuchendem und *professionellem Berater* davon bestimmt, dass der professionelle Berater nicht an der Alltagswelt des Ratsuchenden partizipiert und also nicht jenem Problemsystem angehörig ist, welches für den Ratsuchenden den Anlass für die Inanspruchnahme von Beratung darstellt“ (Willmann/Hüper 2004, S. 20f., Herv. i. O.).

Die Autoren sprechen von der Problementlastetheit der professionellen Beraterin oder des professionellen Beraters, die es ihr oder ihm ermöglicht, einen anderen Blick – den einer oder eines Außenstehenden – auf das Problem zu werfen und dadurch der oder dem Ratsuchenden einen alternativen Blickpunkt anzuregen vermag. Überwiegend wird für pädagogische Beratungssettings von einer *„strukturellen Asymmetrie* zwischen Berater und Ratsuchendem“ (ebd., S. 25, Herv. i. O.) ausgegangen, „weil sich der Ratsuchende in einer (Entscheidungs-)Krise befindet, deretwegen er eine Beratung aufsucht“ (Hechler 2010, S. 94). Die Beraterin oder der Berater versucht nun, diese Asymmetrie produktiv im Sinne der oder des Ratsuchenden zu nutzen und vor dem Hintergrund der Beratungsbedürftigkeit gemeinsam mit der oder dem Ratsuchenden herauszufinden, was sie oder er braucht, um dieses und jenes verändern oder aufgeben zu können.

Bedeutsam ist die Frage nach dem Dialogischen im Beratungsprozess: Die Beraterin oder der Berater muss mit ihrer oder seiner Erhebungsmethodik die Ratsuchende oder den Ratsuchenden zur Selbstauskunft führen. In Form von Rekonstruktions- und Verbalisationsprozessen sind alle fördernden und stützenden Bedingungen zu erkunden, zu stärken oder zu schaffen, die sie als reflexives Subjekt zu einer optimalen Verwirklichung ihrer oder seiner potenziellen Fähigkeiten benötigen.

Subjektive Theorien und Beratung

Aus dem Forschungsprogramm „Subjektive Theorien" leitet Jörg Schlee (vgl. 2008, S. 102 ff.) ab, dass der Mensch als aktiv Handelnder seine Handlungen einem Sinn- und Bedeutungsgebungsprozess unterziehen muss, in die er auch die Bewertung bzw. Beurteilung des Handelns und Verhaltens Anderer einbeziehen muss. Diese gedanklichen Konstruktionen eröffneten ihm Kriterien, Sichtweisen und Wertmaßstäbe für sein Handeln, die subjektiven Charakter haben. Sie seien auch hinsichtlich der Erklärung für Schwierigkeiten und Probleme subjektiv, erfüllten aber Kriterien, die der Bildung wissenschaftlicher Theorien gleichen können. Sie werden folglich als subjektive Theorien bezeichnet. Bedenkt man, dass für die Bewältigung einer Situation Kenntnisse fehlen, oder eine Ratsuchende oder ein Ratsuchender einen Sachverhalt aus ungünstiger Perspektive betrachtet und sie oder er Zusammenhänge übersieht oder von falschen Prämissen ausgeht, dann sind Schwierigkeiten und Probleme unter dieser Betrachtungsweise also keine objektiv gegebenen Sachverhalte, sondern es handelt sich um subjektive Interpretationen von Sachverhalten.

Im Forschungsprogramm wird aufgezeigt, dass sich die Menschen in den meisten Lebenssituationen ihrer subjektiven Theorien nicht bewusst sind. In der Beratung, oder wie Jörg Schlee es ausführt,

> „in der Kollegialen Beratung und Supervision soll nun den Ratsuchenden die Möglichkeit gegeben werden, auf ihre eigenen Subjektiven Theorien, d.h. auf ihre eigenen Denkweisen, Gewichtungen und Interpretationen, aufmerksam zu werden und deren Konsequenzen zu durchschauen. Diese *Einsicht* ist wiederum als die Voraussetzung dafür zu verstehen, dass Ratsuchende ihre Subjektiven Theorien so verändern, dass sie günstigere Handlungsalternativen erkennen und ergreifen können" (ebd., S. 103 f., Herv. i. O.).

Die Veränderung subjektiver Theorien zielt darauf, die Potentiale der Ratsuchenden zu fordern und zu fördern. Ratschläge, Empfehlungen, Tipps und Tröstungen der Ratgebenden würden, weil sie die Prämissen und gedanklichen Konstruktionen der Ratsuchenden akzeptieren, den Prozess der Veränderung subjektiver Theorien im Wege stehen.

Der Beratungsprozess hat, nach Ludger Mehring (vgl. Mehring 2009, S. 45), der sich vor dem Hintergrund der Konfliktforschung zu subjektiven Theorien äußert, von der subjektiven Wahrnehmung der oder des Ratsuchenden bei einer Konfliktschilderung auszugehen. Weiter auch davon, dass ohne subjektive Wahrnehmung keine subjektive Theorie gebildet wird. Von dieser Ausgangslage her sei es erforderlich, zur Entwicklung von Veränderungspotenzialen sowohl die subjektiven Wahrnehmungen zu thematisieren und sich auf die zumeist unbewussten subjektiven Theorien einzustellen und – behutsam – diese zu problematisieren.

Zur Frage der Veränderbarkeit subjektiver Theorien ist Diethelm Wahls (vgl. Wahl 2006, S. 12 ff.) Unterscheidung der unterschiedlichen Reichweiten hilfreich:

- Subjektive Theorien mit großer und mittlerer Reichweite beinhalten Konstrukte und Hypothesen und besitzen eine argumentative Vernetzung. Da sie wissenschaftlichen Theorien ähnlich sind, sind sie doch nicht an der Handlungssteuerung beteiligt. Handeln in Alltagssituationen und Handeln unter Druck – wie dies in schwierigen Erziehungssituationen häufig der Fall ist – erfordert eine Vielzahl situativ angepasster Routinen ohne handlungsgenerierende Denkprozesse und orientiert sich daher an subjektiven Theorien geringer Reichweite, die die biografischen Erfahrungen organisieren.
- Subjektive Theorien geringer Reichweite werden als äußerst veränderungsresistent angesehen, weshalb Diethelm Wahl für Lernumgebungen plädiert, die handlungsnah gestaltet sein müssen und Beziehung zu den Emotionen herstellen müssen. Ganz in diesem Sinne wird angeregt, „die Veränderungen der subjektiven Theoriebestände als Selbsterforschungsprozess mit den Instrumenten der Kollegialen Beratung und Supervision zu gestalten“ (Hagelgans 2011, S. 32).

Für Lehrerfortbildung ist es zusammenfassend bedeutsam, dass subjektive Theorien keine statischen Gebilde darstellen, sondern sie sich im Laufe des Lebens entwickeln und von vielfältigen Einflüssen, wie z. B. der Herkunftsfamilie oder der persönlich erlebten Lern- und Schulgeschichte her bestimmt sind. Daher habe jede Lehrkraft einzigartige und unverwechselbare subjektive Theoriebestände, die es in Aus- und Fortbildungsprozessen aufzugreifen gilt, um dem Dilemma vorzubeugen, dass Expertenwissen nicht oder nur unzureichend angewandt wird.

Selbstwirksamkeit und Beratung

Die Theorie der Selbstwirksamkeit (self-efficiancy) (vgl. Bandura 1997) nimmt an, dass die Wahrnehmung der Effektivität eigener Handlungen die Wirklichkeit beeinflusst. „Unter Selbstwirksamkeit versteht man die subjektive Überzeugung, schwierige Aufgaben und Herausforderungen aufgrund eigener Fähigkeiten bewältigen zu können“ (Bauhofer et al. 2005, S. 4). Je größer die Übereinstimmung von Fähigkeiten (Können), persönlichen Zielen (Wollen) und externen Anforderungen und Belastungen ist, umso stärker erfährt sich das Individuum als selbstwirksam. Albert Bandura benennt vier Einflussquellen, Selbstwirksamkeitserwartungen zu steigern: die Erfolgserfahrungen, die Beobachtung und Nachahmung von geeigneten Modellen, die sprachliche Überredung, dass man etwas gut könne und die gefühlsmäßige Erregung.

Beratung im schulischen Kontext vor dem Hintergrund der Theorie der Selbstwirksamkeit sieht den Ratsuchenden in der von ihm geäußerten schulischen Belastung. Sie arbeitet seine Fähigkeiten heraus, klärt seine Ziele in einem Prozess des Bewusstwerdens und versucht Diskrepanzen auszugleichen, die Ausdruck subjektiv empfundener Belastung waren.

Systemisch-konstruktivistische Aspekte der Beratung

Beratungsprozesse zielen auf Erwerb bzw. Förderung von Interaktionskompetenzen, die auf Wahrnehmung und Beobachtung fußen. Im systemisch-konstruktivistischen Sinne gibt es keine Wahrheit, kein Absolutes, das der Mensch durch Wahrnehmung und Beobachtung über die Wirklichkeit – auch die soziale – gewinnt, vielmehr seien es Konstrukte von Wirklichkeit auf Grund von Wertentscheidungen, Reproduktionsmechanismen, nach der Vernetzung und nach institutionellen Bedingungen sowie nach vorhandenen Interessenlagen die dafür sorgen, dass bestimmte Konstruktionen von Wirklichkeit als unverrückbar, wahr und zeitlos gültig erscheinen (vgl. Dlugosch/Werning 2005). Systemisch denken bzw. auf dieser Grundlage im Schulischen zu handeln heißt, Verhaltensweisen im jeweilig auftretenden Kontext stehend zu sehen. Systemisch-konstruktivistische Sichtweisen sind allerdings nicht damit zu verwechseln, dass hier ihrer Beliebigkeit das Wort geredet würde. Insbesondere auch dann nicht, wenn sich Sichtweisen auf subjektive Theorien beziehen. Solche Theorien beizubehalten oder zu verwerfen und durch neue zu ersetzen, weiten den Erklärungsrahmen und lassen neue hilfreiche pädagogische Handlungsmöglichkeiten ableiten.

Für die Beratung hat dies Konsequenzen: Wirklichkeitskonstruktionen müssen auf die in ihnen vorgeherrscht habenden Ängste, Befürchtungen, aber auch Standpunkte und Deutungen hin analysiert werden. „Im Rahmen von Beratungsprozessen ist somit die Erzeugung von Differenzen, die auch als Differenzen von den beteiligten Personen wahrgenommen werden, anzuregen, weil sich hierdurch neue Denk- und Handlungsoptionen eröffnen können" (ebd., S. 185).

Wichtig erscheint, dass aus den Optionen nicht nur ein geweitetes Repertoire an Handlungsmöglichkeit erwächst, sondern der Blick auf verantwortliches Handeln gerichtet wird:

> „Konstruktivistisches Denken, oder Beraten, führt dazu, uns Menschen selbst für unser Denken und Tun verantwortlich zu machen, für die Wirklichkeit, die wir selbst erschaffen und die wir in eigener Verantwortung verändern können, wenn wir unsere Konstruktionen der Wirklichkeit erschließen und sie uns bewusst machen können" (Kösel 1977, S. 68) bzw. im Beratungsprozess dazu angeleitet werden.

Der systemisch-konstruktivistische Ansatz ist kontextbezogen: der Beratungsprozess geschieht auf dem Hintergrund des sozialen Kontextes von Unterricht, in dem Schülerinnen und Schüler Verhaltensauffälligkeiten zeigen auf die Lehrkräfte reagieren. Damit ist „das Beobachten von und Denken in Wechselbeziehungen“ (Dlugosch/Werning 2005, S. 187) angesprochen, das im engen Zusammenhang mit der Betrachtung des sozialen Kontextes steht: Auffälliges Verhalten wird daraufhin befragt, in welchen Situationen es auftritt, wer wie darauf reagiert, was anders ist, wenn es nicht auftritt. Neue Perspektiven werden im Beratungsprozess aufgetan, wenn „erwünschte und nicht erwünschte verstärkende Feedbackschleifen besprochen und Möglichkeiten ihrer Unterstützung oder Unterbrechung bedacht werden“ (ebd.). Mit „respektvoller Neugier“ (ebd., S. 188) können zudem eigene Beschreibungen und Erklärungen der Zu-Beratenden in Frage gestellt werden und dazu hinführen, dass nach der Funktion des Problems, wer darunter leidet, wer nicht bzw. ob das Problem positiv konnotiert ist, gefragt werden kann.

Aus systemisch-konstruktivistischer Sicht ist es erforderlich den „geeigneten Referenzrahmen für Erklärungs-, Entwicklungs- oder Konfliktlösungsprozesse zu erkennen, weil er mehr oder weniger hilfreich sein kann, ein Problem zu lösen, eine Verhaltensweise oder eine Situation zu verändern“ (ebd., S. 189). Negative Referenzrahmen wie: alles schon ausprobiert, die Rahmenbedingungen können nicht verändert werden usw. führen zur Resignation. „Die Schaffung eines positiven Referenzrahmens fängt bei der Bewusstmachung der Stärken an“ (ebd., S. 190), was als wohl entscheidend für Beratungserfolge angesehen werden kann.

Die Notwendigkeit Beratung als Aufgabe und Inhalt der Lehrerfortbildung einzurichten, sah Wolfgang Mutzeck noch weit vor dem heute festzustellenden Beratungsboom und bezog sich dabei insbesondere auf die hier anzusiedelnde *kollegiale Fallberatung* (vgl. Mutzeck 1988).

Ohne dies explizit als Beratung zu bezeichnen sind in Fritz-Ulrich Kolbes und Arno Combes Empfehlungen zur Lehrerfortbildung Ansätze enthalten, die mittels Beratung zu erfüllen wären:

> „Beruflich Erfahrene können anhand konkreter Falldarstellungen den Versuch unternehmen, eine Deutung von Fällen auf der Basis professioneller Bestände zu explizieren und diese Deutung mit alternativen Deutungen von anwesenden Fortbildnern zu kontrastieren. Ein derart klinisches bzw. beraterisches Verfahren erlaubt dann eine Selbstreflexion auf die eigenen Deutungsleistungen, die in die Falldarstellungen eingingen. Gerade mit Blick auf eine Verbesserung von Kooperation und Selbstreflexion liegen hier entscheidende Möglichkeiten.“ (Kolbe/Combe 2008, S. 893)

Lehrerfortbildung und Gruppenberatung

Lehrerfortbildung oder wie Roland Stein ausführt, „Weiterbildung im Kontext mit Beratung zu sehen, mag zunächst überraschen und als problematisch erscheinen" (Stein 2012, S. 282). Er löst die Problematik aber auf, wenn er anführt, dass die „eigene Problemlösekompetenzen der Beratenen auch dadurch gestärkt werden können, wenn größeren Gruppen gezielt Informationen zu solchen Problemfeldern gegeben werden, die alle betreffen" (ebd.). Dies könne „in Form von Vorträgen erfolgen, aber auch, indem Inhalte anhand konkreter Probleme weiterbearbeitet werden, wobei die Vermittlung von Fachwissen auf konkrete Fragestellungen der Teilnehmer bezogen wird" (ebd.).

Dieser Argumentation ist nachdrücklich zu folgen, berücksichtigend, dass dargestellte Kriterien für das Lernen im Beruf für Lehrkräfte mit denen für pädagogische Beratung übereinstimmen und auch im Rahmen von Beratung von Lernprozessen gesprochen wird (vgl. Hechler 2010, S. 45), wie sie in Lehrerfortbildungen angeregt werden sollen. Ähnlichkeiten bis hin zu Übereinstimmungen bestehen in Bezug auf subjektive Theorien, auf systemisch-konstruktivistisches Lernen, in Bezug auf Reflexion und reflexives Lernen und in Bezug auf Selbstwirksamkeit, Emotionen und situiertes Lernen.

Gruppenberatung kann wie folgt umschrieben werden:

Mit den Erfahrungsschilderungen der anderen Teilnehmerinnen und Teilnehmer wird das Erkennen eigener Problembetroffenheit, Gefühle, Wahrnehmungen etc. unterstützt. Viele Ratsuchende sehen ihr geschwächtes Selbstwertgefühl dadurch gestärkt, dass sie andere mit ähnlichen Problemen erleben, dass eigene und fremde Problemlösungsversuche gemeinsam reflektiert werden können und man voneinander lernen kann, dass die gemeinsame Suche nach Strategien im Umgang mit Problemen durch die Kooperation erleichtert wird und dass Erfahrungen mit der Erprobung neuer Handlungsweisen und Lösungswege vielfältiger diskutiert werden können (vgl. Freyaldenhoven 2005, S. 92).

In der Gruppenberatung kann auf die Heterogenität der Zu-Beratenden eingegangen werden: Teilnehmerinnen und Teilnehmer, die sich in Fallschilderung und Spielsituationen aktiv einbringen und die, die teilnehmend beobachten. Sie kann auf Widerstände von Teilnehmerinnen und Teilnehmern eingehen, ausgelöst durch die Einzelkämpfersituation in der Schulklasse bzw. weil sie sich als Wissende verstehen und sich selbst in einer permanenten Ratgeberfunktion befinden (vgl. Luhmann/Schorr 1988). Gruppenberatung kann Hemmschwellen überwinden helfen, weil die zu Beratenden eine große Zahl von Betroffenen und Hilfesuchenden erleben und gemeinsam Unterstützung erfahren. Gleichwohl kann Gruppenberatung zum *Türöffner* für das Aufsuchen von Beratung sein, z. B. die Erkenntnis, sich einer Supervisionsgruppe anschließen zu wollen oder zu sollen.

Roland Stein merkt an, dass Beratung in der Weiterbildung „nie so intensiv sein, in Reinform auftreten“ (Stein 2012, S. 282) kann, was schon allein daran liegt, dass Teilnehmerinnen und Teilnehmer den Grad des *Einlassens* auf Beratung bestimmen können, wie dies in der Einzelberatung so nicht möglich ist. In Reinform kann Lehrerfortbildung Beratung nicht leisten, da hier nur ansatzweise von einem Beratungsprozess für alle Teilnehmerinnen und Teilnehmer ausgegangen werden kann.

Damit Gruppenberatung in der Lehrerfortbildung erfolgen kann, sind Methoden der Beratung anzuwenden, die von Praktikerinnen und Praktikern (Fortbildenden) durchgeführt werden können. Beratungskompetenz der Praktikerinnen und Praktiker auf der einen Seite und eine der besonderen Form der Lehrerfortbildung entsprechende Methodenwahl für Beratung auf der anderen Seite sind in Übereinstimmung zu bringen. So müssen die in Beratung tätigen Professionellen, den in ihrer Berufstätigkeit erworbenen, eigenen methoden-integrativen Stil (vgl. Dewe/Schwarz 2011, S. 171 f.) hinsichtlich der in den Fortbildungen einzusetzenden Methoden, die Gruppenberatung leisten sollen, erweitern. Die Orientierung am Bedarf der Lehrkräfte, schwierige Erziehungs- und Unterrichtssituationen zu bewältigen, verweist darauf, in der Gruppenberatung Methoden anzuwenden, mit denen für Problemsituationen Lösungsmöglichkeiten durch verändertes pädagogisches Denken und (künftiges) Handeln herausgearbeitet werden. Dies kann in der kollegialen Fallberatung mittels integrierter Rollenspiele erfolgen.

Folgender Ablauf bietet sich an:

- Situationsbeschreibung der Konfliktsituation, Analyse der konfliktauslösenden Bedingungen
- Erarbeiten (und Rollenspiel) von Lösungsmöglichkeiten als Aktionsfeld der Gruppenmitglieder
- autonome Entscheidung der Lehrkraft, ggf. im Rollenspiel erprobt, für Veränderungen – bezogen auf zur Lehrerpersönlichkeit Stimmiges, bezogen auf situative Bedingungen in Klasse und Schule
- Reflexion in der Gruppe, wie die Lehrkraft für künftige Problemsituationen gestärkt werden kann, einschließlich dessen, dass Gruppenmitglieder Ableitungen für eigenes Unterrichten vornehmen

Fortbildende leiten die Erhebungsmethodik an. Fortgebildete wirken in Rekonstruktions- und Verbalisierungsprozessen mit, die nicht nur für den Fallgebenden, sondern auch für die Gruppe der Fortgebildeten zu verändertem pädagogischen Denken und Handeln führen kann.

Zusammenfassend ist festzustellen, dass Lehrerfortbildung zur Bewältigung schwieriger Erziehungs- und Unterrichtssituationen bezogen auf verhaltensauffällige Schülerinnen und Schüler beraterische Schwerpunkte enthalten muss, maßgeblich auch Methoden der Gruppenberatung.

Resümee

Beratung ist das konstituierende Element des Fortbildungskonzepts *Starke Lehrkräfte – Starkes Team* das in allen Fortbildungsteilen zur Geltung gebracht wird. Maßgeblich dafür ist, dass die Fortbildung an der gelebten Praxis der Lehrkräfte ansetzt. Das Ziel, Unterricht und Erziehung wirkungsvoll und erfolgreich zu gestalten, wird nicht durch Tipps und Tricks, die irgendwer anwendet, angestrebt, sondern dadurch, dass eine fundierte Auseinandersetzung mit eigenen Möglichkeiten und der eigenen Haltung, die in der Beratung erkannt werden, verändertes Lehrerhandeln ermöglicht wird. Entscheidend dass dies gelingt sind die Aufgeschlossenheit der Teilnehmerinnen und Teilnehmer für Beratung, die die Fortbildenden anstreben, aber auch die über die Fortbildungstage hinausreichende Begleitung der Lehrkräfte bei ihren Veränderungsprozessen.

5 Erziehung und Unterricht

Unterrichtliches, seine Methoden, der Rahmen, in dem Unterricht geschieht, seine Möglichkeiten und Grenzen hinsichtlich der erziehlichen Wirkung ist fundamentaler Beratungsgegenstand der Fortbildung *Starke Lehrkräfte – Starkes Team.*

5.1 Leistungsanforderungen und auffälliges Verhalten

Empirische Studien (vgl. Hillenbrand 2011) und tägliche Wahrnehmungen von Lehrkräften weisen nach, dass bei verhaltensauffälligen Schülerinnen und Schülern eine niedrigere allgemeine Leistungsfähigkeit und deutliche Entwicklungsrückstände in den Bereichen Lesen/Schreiben und Sprechen/Sprache vorliegen, die durch Defizite in der Konzentration und Aufmerksamkeit noch verstärkt werden.

Daraus sich ergebende Misserfolgserlebnisse (verstärkt durch ungünstige soziale Bedingungen) der Schülerinnen und Schüler führen dazu, dass sie ein schlechtes Selbstbild entwickeln, sie eine zur Schule ablehnende Haltung einnehmen (einschließlich der Gefahr von Schulabsentismus) und sie sich an delinquenzgefährdete Peers mit der Absicht anschließen, dort ihr Selbstwertgefühl durch delinquente Handlungen zu stabilisieren.

Im Lern- und Leistungsverhalten verhaltensauffälliger Schülerinnen und Schüler fällt auf: Sie beachten in geringerem Umfang:

- Strategien der Informationsentnahme und -verarbeitung (Memorieren und Verknüpfen von Lerninhalten),
- Kriterien der Organisation (Beachtung der Zeit, schrittweises Vorgehen, gezieltes Bearbeiten schwieriger Handlungsschritte),
- die begleitende Handlungskontrolle und die Hilfen durch verbale Handlungsanleitungen,
- Erwerb, Einsatz und Modifikation von Strategien zur Problemlösung.

Die Selbststeuerung und die Kontrolle der eigenen Problemlöseaktivitäten erfolgen in weniger effektiver Weise als bei Schülerinnen und Schülern der Allgemeinen Schule. Bei entsprechender Förderung aber wenden die Schülerinnen und Schüler jedoch durchaus geeignete Strategien an. Es handelt sich also eher um ein Performanz-, weniger um ein Kompetenzdefizit (vgl. ebd.).

> „Die meisten verhaltensauffälligen Schülerinnen und Schüler haben oft Angst davor, etwas Neues über die Umwelt zu lernen, haben Angst, auf etwas Neues zu stoßen, das einen weiteren Misserfolg bedeuten kann, Angst, weitere Dinge, die sie

> erschrecken zu erfahren, Angst, etwas zu erfahren, was man beiseite zu schieben versucht hatte – Familienprobleme, Alkohol usw." (Sigrell 1972, S. 123).

Bo Sigrell leitet aus dieser Beobachtung ab, dass das Kind nicht die Fähigkeit besitzt, die von außen kommenden Stimuli, die ihre Angst provozieren bzw. aktualisieren, zu ignorieren. Der Unterricht für diese Kinder müsse das Gebot der „Neutralisierung" (ebd.) erfüllen. Neutralisierung bedeute, dass für die Schülerinnen und Schüler Inhalte, die erregend oder überstimulierend wirken, entdramatisiert werden müssen, was sich auf Fächer und Unterrichtsmaterialien, aber auch auf spannungsgeladene Unterrichtssituationen bezieht.

Die Förderung verhaltensauffälliger Schülerinnen und Schüler verlangt von Lehrkräften die Wahrnehmung leistungsmindernder Störmomente. Da über erfolgreiches Lernen und Leisten auch Beziehungsaufbau geleistet wird, sind Differenzierung und Individualisierung im Unterricht erforderlich. Ferner ist das schulische Handlungsfeld, über den Fächerkanon hinaus darauf hin zu untersuchen, ob hier spezifische Erfolgsbestätigungen erfolgen können; zu denken ist z. B. an Projektarbeit, in die Fähigkeiten einfließen können, die möglicherweise im außerschulischen Kontext erworben worden sind; zu denken ist an Aufgabenstellungen / Ämter, die Zuverlässigkeit und Kompetenz verhaltensauffälliger Schülerinnen und Schüler bestätigen lassen, oder auch an einen Unterrichtsablauf, in dem sich Fächer aus dem üblichen schulischen Kanon mit frei gewählten Aktivitäten bspw. Arbeitsgemeinschaften abwechseln.

Schülerleistungen zu bewerten und zu beurteilen ist Alltagsgeschäft im Unterricht; auch verhaltensauffällige Schülerinnen und Schüler sind darauf eingestellt, wobei sie sensibel wahrnehmen, ob es hierbei „gerecht" zugeht. Dies erfordert, dass Bewertungskriterien transparent gemacht werden. Klare Fragestellungen sind ebenso erforderlich wie Leistungskontrollen ohne Überraschungseffekt. Es verbieten sich Leistungsvergleiche, was Mitschülerinnen oder Mitschüler „geschafft" haben.

Unterrichtliche Anforderungen, so sie individuell gestellt werden und sie deshalb unmittelbare Erfolgsbestätigung erlauben, sind auch Möglichkeiten, Selbstvertrauen aufzubauen. Werden erbrachte Leistungen Anlass für persönliche Rückmeldungen, kann das diesbezügliche Lehrer-Schüler-Gespräch einen wertvollen Beitrag zur Erziehung leisten: Im Zentrum des Gesprächs steht so eine von der Schülerin oder von dem Schüler erbrachte Leistung, wo sonst häufig Misserfolge oder Konflikte thematisiert werden.

5.2 Erziehung und „guter Unterricht"

Guter Unterricht stellt eine Kernaufgabe jeder Schule dar „und ist zugleich die basale Bedingung für ein pädagogisch verantwortetes Handeln bei Unterrichts-

und Verhaltensstörungen“ (Hillenbrand 2011, S. 56). Prinzipien guten Unterrichts beziehen sich auf die Sache, also die Sachgemäßheit des Unterrichts, auf das Ziel, die Schülerin oder den Schüler, also auf das Gebot der Differenzierung, der Motivierung, der Aktivierung und Selbsttätigkeit, auf Elementarisierung, also die Reduzierung der Komplexität der Sache und auf die Sozialisierung, also die Beachtung der Interaktion und Kommunikation (vgl. Seitz 1992, S. 50). Guter Unterricht hat *direkte* Auswirkungen auf die Erleichterung oder Erschwerung von Lernprozessen, hat einen direkten Effekt auf die Motivation, etwa auf ein positives, entspanntes Lernklima und auf die Lernfreude, die Selbstvertrauen fördert. Er hat aber auch einen *indirekten* Einfluss auf die Kompetenzentwicklung, indem er wichtige motivationale Lernvoraussetzungen beeinflusst (vgl. Helmke 2006).

Unterrichtsgestaltung unter dem Blickwinkel der Prävention von Problemsituationen im Unterricht zu betrachten, was „mehr und mehr zu einem wichtigen Thema der Schulpädagogik und allgemeinen Didaktik“ (Hillenbrand 2011, S. 56) wird, meint die Unterrichtsführung. Für sie stellt Jakob S. Kounin (vgl. Kounin 1976, S. 85) u. a. die Aspekte Präsenz und Allgegenwärtigkeit der Lehrerin oder des Lehrers, Reibungslosigkeit und Schwung von Unterrichtsabläufen, die sich insbesondere auf Übergänge zwischen verschiedenen Aktivitäten beziehen, Gruppenmobilisierung und Überdrussvermeidung heraus.

Präsenz und Allgegenwärtigkeit der Lehrkraft stellen bereits beim morgendlichen Unterrichtsbeginn, bei Stunden- und Lehrerwechsel, nach den Pausen und zum Unterrichtsende Problemsituationen dar, in denen Beziehungsaufbau (erneut) geleistet werden muss. Verhaltensauffällige Schülerinnen und Schüler prüfen die Tragfähigkeit der Beziehung mit der Lehrkraft. Insbesondere wenig Halt und Struktur gebendes Lehrerhandeln birgt in sich die Gefahr der Auseinandersetzung mit Störungsmomenten, noch bevor der Unterricht begonnen hat. Folglich werden Lehrkräfte in die Rolle der Reagierenden gedrängt, was sich in Anordnungen, Ermahnungen und Drohungen, gutem Zureden, Moralisieren und Predigen, Vorhaltungen, Beschämungen und lächerlich machen sowie Zynismen zeigt. Planungsmängel bei der Ablaufsteuerung des Unterrichts bis dahin, dass Arbeitsaufträge nicht exakt vorformuliert sind, lösen Problemsituationen in der Unterrichtsgestaltung aus, die zu einer Unterbrechung des Aktivitätsflusses führen und die Lehrkraft wiederum in die Rolle des Reagierenden bringen können.

Bezogen auf Roland Stein (Stein 2011, S. 330) wird die Notwendigkeit gesehen, die Aktivität (im Sinne von Agieren statt Reagieren) zurückzugewinnen und damit Herausforderungen verhaltensauffälliger Schülerinnen und Schüler zu bewältigen in „klarer, ggf. auch spezifische Problematiken berücksichtigenden Strukturierung von Raum, Zeit und Aufgaben“. Das meint klare, direkte Konsequenzen, Lernzonen, die ein bestimmtes Lern- und Gruppenverhalten erfordern und aktive Hilfestellungen, die nicht erst störungsbedingt nachgeschoben werden. Zur Strukturierung gehöre auch „das Klären von Rollen, das Aushandeln von (sinnvollen) Regeln sowie die Vereinbarung von Zeiten und Orten des Lernens – optimal immer im Sinne des *gemeinsamen* Aushandelns und Vereinbarens mit den Schülern" (ebd.; Herv. i. O.).

Rhythmisierung des Unterrichts als besondere Form der Strukturierung des Zeitablaufs, der in verlässlichen Wiederholungen des Tages-, Wochen- und Schuljahresablaufs als Halt gebend erlebt wird (vgl. Husslein 1983, S. 183 ff.), aber auch die Beachtung des kindlichen Spannungsbogens, also belastende (fordernde) Unterrichtssituationen mit entspannenden abzuwechseln, sind weitere Erfordernisse (nicht nur) für verhaltensauffällige Schülerinnen und Schüler. Gute Erfolge zeigen eingeführte Entspannungstechniken wie das Autogene Training. Sie bieten Möglichkeiten der Entspannung zweckfrei zwischendurch, in verschiedenen Fächern als Konzentrationshilfe (z. B. bei der Stoffbegegnung mit Text, Lied, Musik, Gedicht), sowie vor schöpferischen Leistungen im Erfinden einer Geschichte, oder im Erinnern von Erlebnissen im Aufsatzunterricht.

Dem Spielen muss, bezogen auf guten Unterricht für verhaltensauffällige Schülerinnen und Schüler, ein großer Wert zugemessen werden (vgl. Jochimsen 1964). Gemeint sind hier sowohl das Rollenspiel, das in nahezu allen Fächern seinen Platz haben kann, wie auch das Interaktionsspiel, mit unterschiedlichen Schwerpunkten wie Selbst- und Fremdwahrnehmung, Gefühle, Einfühlungsvermögen, Kontakt, Kooperation, Durchsetzung, Einordnung u. ä. In diesem Rahmen sind auch Bewegungsspiele zu nennen, also kurze Phasen mit Bewegungsspielen nach Musik, bei denen es vorrangig auf Abwechslung, Spaß, Bewegung, Reaktion, Erfindung und Kontakt ankommt.

Kinder und Jugendliche mit Verhaltensauffälligkeiten „sind Schüler mit einer niedrigen oder abgebrochenen Lernleistungskurve als Folge der übermäßigen Belastung mit sozio-emotionalen Problemen" (Speck 2003). Unterricht muss hier individuell in Lernbereichen ansetzen, die thematisch nicht belastet sind und für die das Kind Interesse hat, indem Lehrerinnen und Lehrer deren Lerninteressen wahrnehmen und sie unterstützen. Das wiederum verlangt nach individualisierendem und differenzierendem Unterricht, der Anreize bietet, dass Schülerinnen und Schüler „in die Zone der nächsten Entwicklung geführt werden, gemeinschaftlich unter Anleitung, mit Hilfe" (Wygotski 1977, S. 237). Lew S. Wygotskis Ansatz stellt die Bedeutung der Selbsttätigkeit heraus, bei der Lehrkräfte vor allem die Schülerinnen und Schüler unterstützen müssen (Hilfe zum nächsten Schritt). Andererseits erteilt er eine Absage an einen Unterricht, der von curricular bedingten standardisierten Lernzielen beeinflusst, von der Vorstellung ausgeht, dass alle Schülerinnen und Schüler einer Klasse im 45-Minuten-Rhythmus von Punkt A zu Punkt B gebracht werden müssten.

Hilfe zum nächsten Schritt kann auch bedeuten, dass der nächste Lernschritt ausgesetzt werden muss: Wenn z. B. Schülerinnen und Schüler in der Pause in

Auseinandersetzungen verstrickt waren, die u. a. auch mit verbaler Erniedrigung in Verbindung standen, werden Leistungsanforderungen Auffälligkeiten verstärken. Angesagt sind dann Gespräche zur Aufarbeitung des Geschehens.

5.3 Erziehung und Klassen-/Schulklima

Wie wichtig das Eingehen auf ein förderliches Klassen- und Schulklima innerhalb des Fortbildungsprogramms *Starke Lehrkräfte – Starkes Team* ist, zeigen folgende Feststellungen:

„Ziel für Allgemeine Schulen, wie auch für Förderschulen muss die Arbeit am Schulklima sein". (Stein 2011, S. 329). Roland Stein stellt aber demgegenüber fest, „dass es bisher nur wenige systematische, grundlegende und explizite Analysen eines förderlichen Schulklimas" (ebd.) gibt und belegt dies mit Norbert Grewes Feststellung: „Viele Lehrkräfte sehen hier ein deutliches Defizit in der Lehrerausbildung und -fortbildung und wünschen sich gezielte Fortbildungsangebote" (Grewe 2007, S. 232).

Unterricht und Erziehung in der Schule geschieht in Gemeinschaften mit Gemeinschaftserfahrungen. Es macht einen großen Unterschied, ob Schülerinnen und Schüler Klasse und Schule

> „für einen guten, für ihr Leben wichtigen Ort betrachten oder einen, den sie lieber meiden würden, ob sie entspannt im Unterricht sitzen oder ständig auf der Hut sind, weil sie Attacken und Demütigungen erwarten, ob sie dort mit der Sicherung ihrer sozialen Existenz beschäftigt sind oder Aufmerksamkeit für andere Themen frei haben. Folglich beeinflusst die Qualität des Miteinanders in der Schulklasse ihre Beziehungswelt und die Stellung des Kindes in ihr sämtliche Aktivitäten und auch das Lernen der Kinder" (Krappmann 2006, S. 219 f.).

Das Miteinander in der Schulklasse verweist auf das hier herrschende Klima, das sich, so es positiv zu bezeichnen ist, in einer „Kultur der Anerkennung und Wertschätzung" (Eichhorn 2013, S. 61) zeigt. Die regelmäßige Arbeit am Klassenklima, die Konflikte und Störungen zumindest reduziert, erfordert, „dass prosoziale Normen eingeführt (sich unterstützen, niemanden ausschließen etc.), sozial verbindende Projekte durchgeführt werden, sowie die teilweise Übergabe von Verantwortung für das Klassenleben an die Schüler (Aufgaben verteilen, Probleme gemeinsam lösen etc.)" (Müller 2013, S. 457) erfolgt.

Auf die Lehrerseite bezogen wird in einem solchen Klima vermieden, dass Lehrkräfte „auf negative Ereignisse anspringen … und positives soziales Verhalten der Schüler wie Rücksichtnahme, Hilfsbereitschaft" (Eichhorn 2013, S. 64) übersehen. Eichhorn empfiehlt, ein „Board of Compliments einzuführen, das die Lehrperson zwingt, nach positivem Verhalten in der Klasse Ausschau zu halten und es den Schülern rückzumelden". Sie entgehe damit der „Mecker-

Falle und mache es für die Schülerinnen und Schüler attraktiv, sich sozialer zu verhalten: An die Stelle der Mecker-Falle treten Lob, Anerkennung und Freude" (ebd.).

Wichtig anzusehen seien in diesem Zusammenhang regelmäßige Gespräche, die sich auf die in der Klasse geltenden Regeln beziehen. Diese sollen vor allem herausstreichen, was gut geht und was bleiben soll. Wichtig sei auch Gespräche unter den Schülerinnen und Schülern zu initiieren, in denen sie einander mitteilen, was „einem an ihnen gefällt, womit eine dem anderen geholfen hat, oder etwas Positives für jemanden getan hat" (ebd., S. 68). Schließlich sei es unter dem Aspekt des Wohlfühlens wichtig, dass Schülerinnen und Schüler äußern, was sie geärgert hat oder was sie bedrückt, dass sie äußern, vor wem sie Angst haben usw.

Kinder, die in ihrer Entwicklung keine positiven Erfahrungen in ihren Familien erleben, suchen in der Schule nach Erwachsenen, die ihnen zumindest einige dieser Erfahrungen ermöglichen. Lehrkräfte können und müssen „eine kompensatorische Funktion als Lernhelfer, verlässliche Bezugsperson und unterstützende Erwachsene" (Opp 2007, S. 233) ausüben. Andernfalls besteht die Gefahr, dass Schülerinnen und Schüler die Kooperation mit den Erwachsenen einstellen, Respekt und Anerkennung in Widerstand, Devianz, Gewalt und in prekären Peerkulturen suchen, die ihre Entwicklungschancen zusätzlich einschränken. Dirk Yarbelow (Yarbelow 2003, S. 87) spricht in diesem Zusammenhang von Gewalt an Schulen „als Folge verweigerter Anerkennungsverhältnisse". Schülerorientierung versus Fachspezifität sieht Kurt Czerwenka (vgl. Czerwenka 1990) in einer international vergleichenden Untersuchung an deutschen Schulen zugunsten der Fachspezifität ausgeprägt. Damit aber verspielen die Lehrkräfte ihre potenziellen Möglichkeiten, die notwendige Nähe zu ihren Schülerinnen und Schülern zu gestalten und Vertrauen aufzubauen.

Auch auf die Bedeutung der Peergruppe für die Entwicklung sozialer Kompetenzen ist zu verweisen. Kinder und Jugendliche, deren Zugehörigkeitsbedürfnis zur Peergruppe unerfüllt bleibt, werden schwierig oder suchen Anschluss an prekäre Cliquen. Günther Opp und Nicola Unger sehen, dass die Schaffung positiver Peerkulturen gerade für ausgegrenzte Jugendliche einen förderlichen Einfluss auf die Entwicklung von Schulkultur haben würden (vgl. Opp/Unger 2006). Ob sich Schülerinnen und Schüler in der Schule wohlfühlen und sich der Schule zugehörig fühlen hat Einfluss auf die Entwicklung ihres Selbstkonzepts. Günter Opp dazu:

> „Erfahrungen schulischer Partizipation, der sozialen Unterstützung durch Lehrerinnen und Lehrer sowie auch das Gefühl der Zugehörigkeit zur Schule und zu einer stützenden Peergruppe entfaltet gerade für Risikoschüler protektive Wirkung" (Opp 2007, S. 239).

5.4 Erziehung und Regeln, Strukturen und Rituale

Auseinandersetzungen in schwierigen erzieherischen und unterrichtlichen Situationen können dazu verleiten, „Auszeiten“ vom erzieherisch Gesollten und Gewollten einzusetzen. Zum Einsatz kommen Strafe, Tadel, Zwang zum Gehorsam oder das Angebot bzw. das Aberkennen von Belohnungen bzw. Privilegien als sogenannte Erziehungsmittel, die sich darauf hin prüfen lassen müssen, ob sie den pädagogischen Bezug zulassen, ausschließen oder unmöglich machen. Gleiches gilt für Gewährenlassen, Gewöhnung aber auch für Lob als Mittel der Erziehung.

Die Skepsis gegenüber Erziehungsmitteln thematisiert Wolfgang Fischer und muss hinsichtlich der Erziehung verhaltensauffälliger Schülerinnen und Schüler in besonderer Weise beachtet werden:

> „Die sogenannte prägende Gewalt der viel beschworenen Erziehungsmittel werden gewöhnlich am besonderen Fall des Verhaltens angesetzt und sollen einige Verhaltensweisen habitualisieren, andere zum Verschwinden bringen. Hier entartet Erziehung zu einem Prozess der Menschenformung, freundlicher gesprochen: zu einer Aktion der über einen Menschen verfügenden sogenannten Fremderziehung“ (Fischer 1966, S. 69).

Unter diesem Aspekt sind auch Verstärkerprogramme hinsichtlich der Frage zu reflektieren, ob sie Erziehung leisten oder – im günstigsten Falle – Voraussetzungen für Erziehung schaffen.

Eingesetzte Erziehungsmittel müssen darauf hin geprüft werden, ob sie dem Mündigwerden der Heranwachsenden und deren Selbstbestimmung und Autonomie dienen. Gerade hinsichtlich der Erziehung verhaltensauffälliger Schülerinnen und Schüler, bei der Disziplinierungsmaßnahmen möglicherweise dominieren, stellt sich die Frage, ob sie durch eingesetzte Erziehungsmittel die für sie besonders notwendige pädagogische Unterstützung erfahren, Haltung und Gewissen im mitmenschlichen Miteinander zu entwickeln. Somit ist auch jegliche Bestrafung unter dem Aspekt zu hinterfragen, ob sie sich an „eine kognitive Instanz, die ein anderes Verhalten wollen soll“ richtet (Speck 1997, S. 212). „Das bedeutet, dass das Subjekt, das der Strafe ausgesetzt wird und das strafende Subjekt eine zentrale Rolle spielen, damit das Straferlebnis positiv erlebt werden kann“ (ebd.). Nur so ist Strafe pädagogisch zu rechtfertigen.

Einen weiteren interessanten Aspekt für die Erziehung in schwierigen Situationen stellen „Beispiel“ bzw. „Vorbild“ als Mittel der Erziehung dar. Wenn beide vor dem Hintergrund der Autorität der Erzieherin oder des Erziehers reflektiert werden, so wird klar: Das Beispiel wie das Vorbild könnte als Maßgabe zur Nachfolge eingesetzt werden. Nachfolge ist aber nicht weit entfernt von Machtausübung von Amts wegen, von Alters wegen oder von Erfolges wegen und vertieft zumindest die Asymmetrie im pädagogischen Bezug. Die

Lehrkraft entgeht diesen Gefahren, wenn sie bewusst nicht zur Nachfolge auffordert, sondern z.B. nach Konfliktsituationen ihre Lösungsstrategie bekannt gibt, die übernommen werden kann oder auch nicht. Dadurch wird das Prinzip der Selbst-Referenzialität anerkannt, in dem das Subjekt darüber entscheidet, welche Interaktionen es mit seiner Umwelt für angemessen hält und welche Reaktionen ihm möglich sind. Erziehung wird dadurch verantwortbar.

Im Aneinander-Reiben, bei dem Kinder Erwachsene erleben die sich einlassen und die riskieren Fehler zu machen, werden aus Belastungen „belastbare Beziehungen im äußerst spannungsgeladenen pädagogischen Interaktionsgefüge" (Opp/Unger 2003, S. 51). „Aus einem echten Engagement für diese Kinder heraus müssen Grenzen gesetzt werden, die durchgesetzt und immer aufs Neue begründet werden" (ebd.).

Die Glaubwürdigkeit der Lehrerinnen und Lehrer entscheidet sich oft an „konsequent durchgeführten Regeln" (Hillenbrand 2011, S. 78). Die Durchschaubarkeit der Situation, in der sich die Schülerin oder der Schüler über die zu erwartenden Konsequenzen im Klaren ist, trägt zur Vermeidung unterrichtlicher Problemsituationen bei. Das „Classroom Management, dessen grundlegendes Prinzip darin besteht, dass die Lehrkraft klare Abläufe und Routinen im Klassenzimmer etabliert, ist ein Ansatz, der die Erwartungen an das Lernen und Verhalten der Schüler klar ausdrückt und ihre eigene Verantwortung dafür aufzeigt" (Hennemann et al. 2010, S. 38). Es ermöglicht ihr, Verständnis für die Schülerinnen und Schüler zu zeigen und „um deren Einsicht und Zustimmung zu den pädagogischen Zielen und Maßnahmen zu werben" (Opp / Unger 2003, S. 51). Mit dem Anerkennen der Subjektivität, welche allen Beteiligten Eigenentwicklung ermöglicht, ist einerseits Nähe, andererseits aber auch eine gelingende Form der Distanz zu den Kindern und Jugendlichen zu entwickeln. Darin ist ein wesentliches Erfordernis zu sehen um Verhaltensauffälligkeiten bzw. deren Ausprägung entgegenzuwirken.

Ein Gang durch Schulhäuser und Klassenzimmer zeigt, dass Lehrkräfte und Lehrerkollegien emsig bemüht sind, Regeln aufzustellen: Bereits im Schuleingangsbereich eine Übersichtstafel – Unsere Schulregeln. In den Klassenzimmern sieht man Ähnliches; selbst Fachräume werden mit Aushängen versehen, die aufzeigen, was dort gilt bzw. gelten sollte. Es wird die Vermutung genährt, dass inflationäre Regelwerke die nicht erreichen, für die sie Halt und Verhaltenssicherheit geben sollen.

Um dieser Problematik zu entgehen, erscheint es erforderlich, dass Lehrkräfte und Lehrerkollegien Gert Lohmanns Ansatz folgen, den er unter „Regeln für Regeln" darstellt (Lohmann 2011, S. 128). Effektiv sind „wenige Regeln, z.B. eine Bewegungsregel, eine Kommunikationsregel, eine Umgangsregel und eine Eigentumsregel" (ebd.), die alle vernünftig und verständlich sein müssen. So fordert er „kurze und einfache Sätze, die die Sache auf den Punkt bringen, die positiv formuliert sein müssen, also nicht als Verbot, sondern als Gebot, ohne *nicht oder kein*" (ebd., Herv. i. O.). Verbindlich sind die Regeln, wenn sie eine „Ich-Formulierung enthalten, beobachtbares, sichtbares, konkretes Verhalten beschreiben und durchsetzbar" (ebd.) sind.

Schulregeln, die einen deutlich präventiven Charakter haben, betreffen in besonderer Weise Schulsituationen, die als zunächst unstrukturiert zu bezeichnen sind: Pausensituation, Stundenübergänge und Situationen vor und nach dem Schulbeginn. Hier tritt sehr häufig das Problem auf, dass – in nicht klar geregelten Abläufen – Schülerinnen und Schüler aufgebracht in den Unterricht kommen bzw. so den Weg nach Hause antreten. Emotionale Belastungen aus diesen Situationen beeinträchtigen die nachfolgende Unterrichtssituation erheblich bzw. haben Auswirkungen auf den Unterricht des folgenden Tages. Abhilfe könnte schaffen, für den Pausenbereich – neben schuleinheitlichen klaren Regeln – Rückzugsräume, Pausenprojekte und Spielmöglichkeiten einzurichten bzw. Pausenhöfe getrennt nach Alter der Schülerinnen und Schüler zu gestalten. Abhilfe für ungesteuerte Schülerströme könnte leisten, eine Aufsicht vor und nach Schulbeginn bzw. Lehrereinsatz zur Begleitung der Schülerinnen und Schüler bei Stundenwechsel.

Sehr entlastend und präventiv wirken in der Klasse bzw. der Schule eingeführte Rituale, weil die Person hinter die Sache (die Maßnahme) tritt. Im Konfliktfall der sich nicht an das Ritual haltenden Schülerinnen und Schüler wird die Lehrkraft zum Sachwalter einer Vereinbarung. Eine Auseinandersetzung erfolgt dann wegen der Sache und nicht wegen eines persönlich zu nehmenden Vorwurfs. Für die Einführung von Ritualen ist zweierlei zu beachten – einerseits sollte den Schülerinnen und Schülern mitgeteilt werden, wovon sie profitieren, damit für sie deren Einhaltung attraktiv wird; andererseits sollten Lehrkräfte insbesondere schwierigen Schülerinnen und Schülern ihre erreichten Zwischenschritte rückmelden.

Halt und Orientierung bieten sodann auch bekannte, wiederkehrende „Zeit-Räume", die den Unterrichtstag, aber auch die einzelne Unterrichtsstunde der Kinder und Jugendlichen strukturieren: das Morgengebet als Ritual, die Essenszeit vor der Pause, der Aktivitätsplan für die jeweilige Unterrichtsstunde, als Beispiele.

Stabile Rahmenbedingungen betreffen schließlich das Gebäude, das Klassenzimmer und den individuellen Arbeitsplatz: Im Schulhaus beispielsweise sind das den Schülerinnen und Schülern bekannt gemachte Informationstafeln, im Klassenzimmer strukturierte Lern-, Kommunikations- und Rückzugsräume, am Arbeitsplatz das Erfordernis, dass vor Unterrichtsbeginn darüber informiert wird, was für den jeweiligen Unterricht benötigt wird.

Als nachahmenswertes Beispiel für das Ineinandergreifen von Regeln und Ritualen sei das Modell „Klassenrat" herausgegriffen. Einerseits werden hier die Funktionen (Leitung, Protokollschreiberin und -vorleserin oder Protokollschreiber und -vorleser, Zeitwächter, Beobachterin oder Beobachter) mit Symbolkarten verdeutlicht. Andererseits bildet das Kernelement des Konzepts ein ritualisierter Gesprächskreis, in dem die Beteiligten sich authentisch über ihre eigenen Erfahrungen, Probleme und Wünsche austauschen. Dieser folgt bestimmten Regeln: Wir lassen aussprechen, was gesagt wird, bleibt im Raum, wir machen uns nicht über andere lustig. Der strukturierte Ablauf des Klassenrates wird selbst zum Ritual, wenn Schülerinnen und Schüler wie auch die Lehrkraft dessen Einsetzen vor allem in Konfliktsituationen gleichermaßen beantragen können.

5.5 Schule als Lebensraum

Unterricht und Erziehung, Erziehung und Unterricht – wie immer die Priorität auch gesetzt wird – geschieht in Häusern, in Räumen, in Pausenhöfen, in Fluren und Gängen, vielleicht sogar auf dem Schulweg: Erziehung ist Ortshandeln. Förderliche Ansätze für die Entwicklung eines positiven Schulklimas sieht Günther Opp in der Raumgestaltung, stellt aber fest, dass „wir weitaus schneller bei der Hand sind mit kinder- und jugendpsychiatrischen Störungsbildern und -begriffen als mit der Analyse der Qualitäten öffentlicher Räume und ihrem sozialökonomischen Zusammenspiel von Erleben und Verhalten“ (Opp 2010, S. 19).

Wenn im Folgenden der Fokus auf den Klassenraum gerichtet wird, so deshalb, weil die Rummelsberger Diakonie in einer ihrer Schulen Klassenräume nach einem Raumkonzept, dem *Würzburger Modell – Bauen für Geborgenheit,* eingerichtet hat, das in besonderer Weise das verwirklichen hilft, was Unterricht als Erziehungsmittel meint und was hier zu vertiefen ist. Dies ist andererseits auch Thema in der Lehrerfortbildung *Starke Lehrkräfte – Starkes Team,* gilt es doch, die Lehrkräfte für die Umsetzung des räumlich Vorgegebenem erziehungswirksam aufzuschließen.

Lernzonen für individualisierenden Unterricht

Unterricht als beziehungsstiftendes Mittel der Erziehung ist individualisierender Unterricht. Dieser ist zunächst auf die unterrichtlichen Anforderungen bezogen, die individuell und differenzierend gestellt werden müssen; Erfolge müssen individuell rückgemeldet und anschlussfähig gestaltet werden, sodass die Schülerinnen und Schüler zunehmend selbstständig die eigenen Anstrengungs- und Leistungserfolge für sich erkennen können.

Auf der anderen Seite ist es erforderlich, dass Unterricht in unterschiedlichen Sozialformen, wie sie Einzel-, Kleingruppen- und Gesamtklassenunterricht darstellen, erfolgt: Unterricht in Lernzonen, die das Klassenzimmer einzurichten erlaubt. So Einzelunterricht, der es dem Schüler und der Schülerin ermöglicht, sich störungsfrei mit Aufgaben zu beschäftigen, wobei auch die Lehrkraft individuelle Rückmeldungen geben kann. So Gruppenunterricht mit

Tischen und Stühlen, in denen der Lerngegenstand im Zentrum steht und auf diese Weise die Schülerinnen und Schüler zum Gruppengespräch auffordert. So Klassenunterricht, Tische und Stühle auf die Tafel ausgerichtet, geeignet für den Lehrervortrag, die Einführung in ein neues Thema, den Beginn oder die Beendigung einer Unterrichtsstunde. Der Vorteil einer derartigen Strukturierung des Klassenraumes ist: die Schülerinnen und Schüler erkennen, was von ihnen jeweils erwartet wird; eher aufmerksames Zuhören im Klassenunterricht, eher selbstständige Beschäftigung im Einzelunterricht oder das Miteinander im Gespräch im Gruppenunterricht. Schon allein die Aufforderung, die eine oder andere Position im Klassenraum einzunehmen, bereitet die Schülerinnen und Schüler vor. Widerstände weichen, die Lehrkraft kann ihre Stimme schonen und ihre Energie kann sich dem Unterrichtsgegenstand „entspannt" widmen.

Wesentlich auch, dass ein in Lernzonen strukturierter Klassenraum Rückzugsräume für Schülerinnen und Schüler zur Verfügung stellt. Diese können sowohl nach Aufforderung der Lehrkraft, aber auch aufgrund einer Entscheidung der Schülerin oder des Schülers aufgesucht werden. Gerade Letzteres ermöglicht, dass von der Lehrkraft übersehene Signale nicht mit Widerständen oder ggf. gar Aggressionen beantwortet werden. Die Rückkehr aus dem Rückzugsraum bietet der Lehrkraft des Weiteren Gelegenheiten zu Gesprächen, im Sinne des Beziehungsaufbaus bzw. -erhaltes.

Raumgestaltung nach dem Würzburger Modell – Bauen für Geborgenheit

Das Würzburger Modell ist ein aus der Praxis der Kindertagesstätten herrührender Gestaltungsansatz, zurückgehend auf Wolfgang Mahlke (vgl. Mahlke/Schwartl 1971). Seine Erkenntnisse und Erfahrungen bezogen sich auf die heilpädagogische Wirkung von Raumstrukturen, Materialien, Licht und Farbe auf das menschliche Befinden, was er in einem Forschungsprojekt des Diakonischen Werkes und des Bayerischen Staatsministeriums für Arbeit und Sozialordnung, Familie und Frauen untersuchte. Die damalige Projektdokumentation wies beeindruckend die Wirkung der nach dem Modell gestalteten Räume auf die Befindlichkeit von Kindern und Pädagoginnen und Pädagogen auf.

Wesentlich dafür, die Erkenntnisse aus dem Forschungsprojekt in die Schulraumgestaltung einer Förderschule zu übernehmen, war: Schülerinnen und Schülern, denen die Motivation für Lernen und Leisten aufgrund vielfältiger Versagenserfahrungen, aufgrund von Ängsten und mangelndem Selbstvertrauen, aber auch aufgrund von Bindungsproblematiken abhandengekommen ist, benötigen Pädagoginnen und Pädagogen aber auch Räume, die ihre Grundbedürfnisse erfüllen. Das Würzburger Modell versucht durch Holzeinbauten, durch Material- und Lichtwirkung sowie durch Farben Grundbedürfnisse der Schülerinnen und Schüler nach Geborgenheit, Sicherheit, Individualität, Gemeinschaft und Aktivität zu erfüllen (vgl. Albert/Wisgalla 2015).

Grundannahmen

Flächige Klassenräume erhalten Dreidimensionalität durch Einbauten unterschiedlicher Raumhöhen. Durch abgehängte Decken, durch den Einbau von Podesten und durch vertikale Raumteiler entstehen abgegrenzte Räume im Klassenraum. Es werden Höhlen, Nischen und Räume für Einzel-, Partner- und Kleingruppenarbeit herausgebildet. Weil Grenzen auf deren Überwindung verweisen, werden zwischen den Räumen Übergänge gestaltet, zum Beispiel durch Leitern. Ein beachtlicher Nebeneffekt: Das auf einem Podest von 30 Zentimetern stehende Kind hat einen veränderten Raumeindruck und eine andere Perspektive auf die Welt.

Die Überwindung der rechteckigen, zum ungezielten Hin- und Herlaufen anregenden Klassenraumstruktur geschieht in der Ausprägung quadratischer Grundrisse. Das Quadrat ist eine befriedigende Form.

Die Standardbeleuchtung in Klassenräumen wird durch eine differenzierte Beleuchtung der Funktionsräume ersetzt. Durch Licht und Farbe entstehen voneinander unterschiedene Parzellen. Das Spiel von Licht und Schatten wird gezielt als Strukturierungsmöglichkeit eingesetzt.

In der Innenraumgestaltung wird der Naturbaustoff Holz als Kontrast zu synthetischen Baustoffen verstanden. Holz, wenn es natürlich belassen wird, ist haptisch interessant. Es fühlt sich warm an, nimmt Feuchtigkeit auf und gibt sie wieder ab. Es riecht angenehm und absorbiert Fremdgerüche. So werden beim Raumkonzept unbeschichtete Hölzer mit unterschiedlicher Stärke verwendet – je nach der von ihnen zu leistenden Stützfunktion und Belastbarkeit.

Geborgenheit im Raum

Das Würzburger Modell setzt auf ausgewogene Raumformen und Vertrauen stiftende Strukturen, quadratische Grundrisse sowie vertikale und horizontale Strukturen für Rückzugsmöglichkeiten. Damit werden Voraussetzungen für das Empfinden von Geborgenheit geschaffen. Durch eine zum Raumkonzept gehörende abgestimmte und komplementäre Farbwahl, die Materialwahl (warmes Material: Holz, Textil, Keramik) und differenziertes Licht (zum Beispiel Lampe über dem Tisch), können die Geborgenheitsgefühle wesentlich verstärkt werden.

Sicherheit im Raum

Es wird davon ausgegangen, dass das Gefühl der Sicherheit und des Wohlbefindens vor depressiven Verstimmungen schützt und aggressive sowie destruktive Verhaltensweisen mindert bzw. verhindert. Die Schülerinnen und Schüler sollen durch die Erfahrung von sicheren äußeren Strukturen innere Strukturen formieren, stabilisieren und stärken, Sicherheit steigert das Selbstwertgefühl.

Stabile Konstruktionen mit natürlichen, reparaturfreundlichen Materialien schaffen diese Strukturen. Die einzelnen Bauteile sind integrativ in den Raum eingefügt und fest miteinander verbunden. Die Einbauten haben dabei in erster Linie keinen dekorativen Charakter, sondern sind nachvollziehbare und sehr belastbare Konstruktionen. Dies wird unter anderem durch Materialquerschnitte und sichtbare Verbindungen erreicht.

Individualität und Gemeinschaft im Raum

Die Bereitschaft des Einzelnen sich positiv in die Gemeinschaft einzubinden hängt wesentlich vom Gefühl der Zugehörigkeit und der ihm entgegengebrachten Wertschätzung durch Andere ab. Das Raumkonzept nach dem Würzburger Modell kann das Dilemma der Heterogenität von Schulklassen nicht grundsätzlich auflösen. Es bietet aber Lehrerinnen und Lehrern Möglichkeiten, individuelle Bedürfnisse der Schülerinnen und Schüler besser zu beachten, gemeinschaftsfördernde Impulse zu geben und pädagogisch differenzierte Gruppen zu bilden. Ecken, Podeste, Nischen und Höhlen schaffen individuelle Rückzugsmöglichkeiten. Sie erlauben Schülerinnen und Schülern die Teilnahme an der Gemeinschaft und den Rückzug daraus selbst zu steuern. Rückzug ist für die Kinder möglich, geschieht aber immer innerhalb der Gemeinschaft, weil sie von dieser räumlich nicht abgeschnittenen bzw. ausgeschlossen sind. Durch die transparente Bauweise der Klassenräume besteht Sicht- und Hörkontakt weiter. Neben den baulich gestalteten Rückzugsmöglichkeiten sind im Raumkonzept Bereiche für Einzel-, Partner- und Gruppenarbeit sowie Frontalunterricht vorgesehen. Selbstbestimmtes und damit selbst verantwortetes Rückzugsverhalten könnte bei Lehrkräften die Sorge wachsen lassen, dass sich Schülerinnen und Schüler selbst von unterrichtlichen Anforderungen „befreien“ könnten. Erfahrungen – gerade auch mit sehr schwierigen Schülerinnen und Schülern – beweisen das Gegenteil: In einem etablierten Konzept, in dem „Auszeiten“ genommen werden dürfen, wird Unterricht nachweislich störungsärmer.

Aktivität im Raum

Schulisch organisiertes Lernen, selbstständige Auseinandersetzung mit Lernmaterialien und das Arbeiten im eigenen Rhythmus bestimmen heute in zunehmendem Umfang den Unterricht. Das didaktisch-methodische Konzept der Schüleraktivierung bedarf einer anregenden Lernumwelt bzw. einer aktivitätsfördernden Raumgestaltung. Die Einbauten des Würzburger Modells bieten Ablageflächen für Lernmaterialien, die für Schülerinnen und Schüler frei zugänglich sind. Materialien sind nicht in Schränken versteckt und weggesperrt. Die Einbauten schaffen Erfahrungs-, Tätigkeits- und Funktionsbereiche, die durch Podeste, Ebenen und Treppen sichtbar voneinander getrennt werden.

5.6 Erziehung und Kooperation der Lehrkräfte

Wenn in Schulen noch immer Lehrkräften kein Arbeitsplatz zur Verfügung steht, wenn die Lehrerarbeitszeit maßgeblich auf zu erteilende Unterrichtsstunden bezogen ist, liegt die Schlussfolgerung nahe, dass „Schule so konstruiert ist, dass sie ohne engere Kommunikation und Kooperation unter Lehrern existieren kann" (Steffens 1991, S. 61). Schlichter ausgedrückt – es herrschen hier noch immer Bedingungen, die es zulassen, dass Lehrkräfte sich als Einzelkämpferinnen und Einzelkämpfer nicht nur verstehen, sondern solche auch sind, wo Kooperation bis hin zur Gestaltung eines einheitlichen Erziehungskonzepts der Schule erforderlich wäre. Es hat insbesondere für die Förderung verhaltensauffälliger Schülerinnen und Schüler große Bedeutung, die sensibel darauf reagieren, wenn bei einer Lehrkraft etwas nicht gilt, was bei einer anderen als Schulregel gekennzeichnet wird, mit der Folge unerfreulicher Diskussionen. Angesprochen ist hier das einheitliche Erziehungskonzept, in dem Roland Stein einen „schwierigen Spagat sieht, gilt es doch, möglichst ohne den Pädagoginnen und Pädagogen im Detail ihre Freiheiten zu nehmen" (Stein 2011 S. 329), zu Vereinbarungen zu kommen, die Lehrkräften Handlungssicherheit geben und Schülerinnen und Schülern haltgebende, personenunabhängige Sicherheit.

Der Schulträger, die Rummelsberger Diakonie, kann nichts ändern an Vorgaben zur Lehrerarbeitszeit; kann auch den Lehrkräften keinen Arbeitsraum in den Schulhäusern bieten, da diese nur entsprechend der Schulbaurichtlinien finanziert werden. Der Schulträger aber kann der Einzelkämpfersituation entgegenwirken und tut dies mit dem Fortbildungskonzept *Starke Lehrkräfte – Starkes Team*, fokussiert hier auf *Starkes Team*.

Einheitliches Erziehungskonzept in einer Schule heißt, dass die Lehrkräfte sich einerseits dessen bewusst sind und dass sie andererseits mit vergleichbaren Methoden Teufelskreise durchbrechen müssen. Diese Teufelskreise bestehen darin, dass Schülerinnen und Schüler mit belasteten Biographien, mit langen Geschichten von Versagungen und Versagen in die Schule kommen, die Ängste, Enttäuschungen, Selbstzweifel und Aggressionen, bis hin zum Boykott pädagogischer Angebote auslösen. Diese induzieren auf Lehrerseite wiederum Ängste und Aggressionen mit der Gefahr, sich in Opposition zu den Schülern zu bringen. Schülerinnen und Schüler versuchen, sich pädagogischen Intentionen zu entziehen oder zumindest die Beziehungsangebote der Lehrkräfte auf ihre Ernsthaftigkeit und ihren Bestand hin zu testen – in einem für Lehrkräfte oft schwer aushaltbarem Ausmaß.

Die die Teufelskreise durchbrechenden Beziehungsangebote – was lasse ich zu? Wo setze ich Grenzen? – verlangen nach kollegialem Austausch, Reflexion, Selbstbefragung: Welche Erwartungen habe ich an die Schülerin und den Schüler, wie werde ich diesen Erwartungen gerecht, sind die Erwartungen zu hoch, zu niedrig, sind sie kulturell-, alters- und entwicklungsangemessen, kann ich einem Kind erlauben, was ich einem anderen verbiete, wie reagieren Schüler auf unterschiedliche Behandlung, wie viel Nähe lasse ich zu, wie viel Distanz brauche ich und/oder das Kind, welche Gefühle des Versagens, der Enttäuschung, der Angst, Wut und Aggression weckt dieses Verhalten in mir, sind meine emotionalen Reaktionen auf dieses Schülerverhalten angemessen? Es ist schwierig für Lehrkräfte, eine Klasse zu führen und zu unterrichten und gleichzeitig die Perspektiven der Kinder und Jugendlichen einzunehmen. Genau diese Perspektivenübernahme, die Infragestellung der eigenen Sicht, ist eine der wichtigsten Aufgaben der Lehrkräfte mit verhaltensauffälligen Schülerinnen und Schülern. Dazu sind noch erforderlich: Teamarbeit, gegenseitiges Unterstützen und Angebote, in denen Lehrkräfte ihre professionelle Weiterentwicklung betreiben.

Teams entwickeln sich aber nicht im Selbstlauf. Erst wenn pädagogisches Handeln systematisch überdacht wird, Konflikte zu Entwicklungsanlässen und nicht zu Krisen werden und Methoden, Ziele, sowie die Qualität pädagogischer Arbeit immer wieder in Frage gestellt und überprüft werden, wird aus dem Kollegium einer Schule ein Team. Lehrkräfte mit je unterschiedlichen Kompetenzen ergänzen sich nicht nur, sie ermöglichen vielmehr Kompetenzerweiterungen für die Teammitglieder.

Dort wo Menschen zusammenleben und zusammenarbeiten entstehen Konflikte, so auch unter Lehrkräften. Im *Starken Team* wird daran gearbeitet, den produktiven Umgang mit Konflikten zu lernen. Dies erfordert vor allem eine veränderte Wahrnehmung von Problemen: das schließt zunächst eine möglichst frühzeitige Konfliktklärung ein, die wechselseitige emotionale und sachliche Anteile erkennen lässt mit dem Ziel, über Vereinbarungen Konflikte niederlagenfrei zu bewältigen.

Mit dem über die Fortbildungsveranstaltungen von *Starke Lehrkräfte – Starkes Team* hinausreichenden Beratungsangebot der Fortbildenden bieten sich Möglichkeiten, in den Schulen etablierte Teams zu unterstützen. Zu denken ist hier insbesondere an Klassen- und Stufenteams, in denen Personen mit unterschiedlichen Ausbildungen (Lehrämter für Grund-, Mittel-, Förderschulen, Fachlehrerinnen und -lehrer, Heilpädagoginnen und Heilpädagogen im Förderschuldienst, Schulsozialpädagoginnen und -pädagogen bis hin zu Schulbegleiterin und -begleiter) mit je unterschiedlich langen Arbeitseinsätzen miteinander arbeiten. Konflikte können hier in vielfältigster Weise auftreten bzw. bedingt sein. Gegenstand von Beratungen – über die Fortbildungsveranstaltungen hinaus – können der unterschiedliche Einsatz von Belohnungen und Bestrafungen, ein unterschiedliches Anforderungsniveau oder eher konträr wirkende Berufsauffassungen sein – um nur einige Beispiele zu nennen, die die Kooperation im Team und letztlich im Schulkollegium positiv beeinflussen.

Zusammenarbeit, Unterstützung, Vertrauen, Verbindlichkeiten und gegenseitiges Verstehen sichern die notwendige Gemeinsamkeit für kooperative Teamarbeit. Lebendige Auseinandersetzungen, das offene Streiten und das Ringen um Lösungen ermöglichen Teamentwicklung. Harmonie und Auseinandersetzung gehören zur kooperativen Teamarbeit.

Zusammengefasst: Kooperation durch Harmonie (Akzeptanz, Verstehen, Versöhnen, Friedlichkeit, Höflichkeit) und Auseinandersetzung (Konfrontation, Konflikt, Streit, Kampfgeist, Unerbittlichkeit).

5.7 Zurückgewinnen der Aktivität im Erzieherischen – ein Fazit

Eingangs war von Aushandlungsprozessen in der Erziehung die Rede. In ihnen ist es Aufgabe der Lehrkräfte, Erziehungsziele zur Geltung zu bringen und pädagogisch verantwortbare Mittel einzusetzen. In schwierigen Situationen ist anzunehmen, dass Argumente, Aufträge, Erklärungen und Appelle der Lehrkräfte bei Schülerinnen und Schülern nicht (mehr) ankommen: der pädagogische Dialog pervertiert dazu, dass die Schülerin oder der Schüler das Konfliktgespräch bestimmt und die Lehrkraft sich in eine Situation gedrängt sieht, in der sie nur noch reagieren kann. Wiederholt ablaufende derartige Prozesse lassen Zweifel an der eigenen Lehrerprofession aufkommen, schmälern die Berufszufriedenheit und führen möglicherweise zu gesundheitlichen Folgen bis hin zu Burnout.

Die Fortbildungsinitiative *Starke Lehrkräfte – Starkes Team* nimmt sich dieser Problematik an. Sie hat das Ziel, dass Lehrkräfte die Aktivität und ihr Agieren auch in schwierigen Situationen durch Situationsanalyse, durch mithilfe von Beratung angeleitete Reflexion und durch Synergieeffekte, die von einem starken Team ausgehen, zurückgewinnen.

„Kerngeschäft" der Lehrkräfte ist der Unterricht und dies insbesondere auch bei Schülerinnen und Schülern mit einem sonderpädagogischen Förderbedarf in der emotionalen und sozialen Entwicklung. Ihrer Zuweisung in eine Förderschule mit diesem Schwerpunkt lagen – fast ausschließlich – auch Lern- und Leistungsauffälligkeiten zugrunde, deren Ursache grob gesprochen mit Risikofaktoren umschrieben werden können. Das Kapitel Erziehung und Unterricht wollte aufzeigen, welche Möglichkeiten Schule hat, mit Resilienzfaktoren die Wirkung von Risiken zu mindern. So überrascht es nicht, dass Schülerinnen und Schüler Schulabschlüsse schaffen, die ihnen Kolleginnen und Kollegen in der Allgemeinen Schule nicht zugetraut hatten und es überrascht nicht, wenn Schülerinnen und Schüler nach Jahren noch von dem berichten, was sie „mit ins Leben genommen" haben.

6 Starke Lehrkräfte – Starkes Team: Rahmen der Fortbildung

War es bei den bisherigen Ausführungen eher darum gegangen, inhaltlich zu argumentieren, dass Lehrkräfte der Rummelsberger Förderschulen (und keineswegs nur sie allein!) einen Unterstützungsbedarf bei Unterricht und Erziehung mit schwierigen Schülerinnen und Schülern haben und darzustellen, wie dieser erfüllt werden kann, so geht es nun darum, im weiteren Sinn Fortbildungsspezifisches argumentativ herauszustellen, was später in die Konzeptgestaltung einfließen muss. Hierfür zu Beachtendes ist einerseits aus Forschungsbefunden zur Lehrerfortbildung und auf der anderen Seite aus Erkenntnissen der Erwachsenenbildung abzuleiten.

6.1 Befunde der Forschung zur Lehrerfortbildung

Das Fortbildungskonzept *Starke Lehrkräfte – Starkes Team* orientiert sich an Befunden der Forschung zur Lehrerfortbildung; orientiert sich nicht nur, sondern versucht, diese im Konzept zu verwirklichen.

Frank Lipowsky (vgl. Lipowsky 2014, S. 8) verweist auf Grund eigener Forschung und unter Heranziehung von Meta-Studien zur Wirksamkeitsforschung auf folgende Kriterien erfolgreicher Lehrerfortbildungen:

- Sie erstrecken sich über einen längeren Zeitraum. Routinen, die sich in der unterrichtlichen Praxis meist über Jahre einschliffen haben, können nicht in kurzen Fortbildungen und Halbtagesveranstaltungen weiterentwickelt oder verändert werden.
- Sie lösen bei den Lehrkräften die Gewissheit aus, dass sie mit den Fortbildungsinhalten ihr unterrichtliches Handeln in Erziehung und Unterricht spürbar verändern können und dass sich mit diesen Veränderungen im eigenen Lehrerhandeln auch Veränderungen in den Lernprozessen der Schülerinnen und Schüler und der Lehrer-Schüler-Interaktion einstellen.
- Sie bestehen aus Input-, Erprobungs- und Reflexionsphasen. Damit haben die Lehrkräfte ausreichend Gelegenheit, ihr konzeptionelles Verständnis zu vertiefen und neues Wissen aufzubauen, ihre Handlungsmuster zu verändern, diese veränderten Handlungsmuster zu erproben und darüber mit anderen Fortbildungsteilnehmerinnen und Fortbildungsteilnehmern und den Fortbildenden zu reflektieren.

- Sie bieten ausreichend Gelegenheiten für Feedback. Wenn sich das Lehrerhandeln in eine bestimmte Richtung weiterentwickeln soll, erscheint es notwendig, den an einer Fortbildung teilnehmenden Lehrpersonen Rückmeldung zu ihrem unterrichtlichen Handeln, wie sie es im Rahmen der Fortbildung kundtun, zu geben. Fortbildende, aber auch Teilnehmende nutzen sich bietende Möglichkeiten zur Erfolgsbestätigung. Feedback ist aber auch konstituierend in allen anderen Fortbildungsteilen und erfolgt mit unterschiedlichen Methoden.
- Sie beachten Transfer und Nachhaltigkeit. Sie enthalten neben den inhaltlichen Phasen Input, Erprobung und Reflexion auch eine vierte Phase – *results*. In einem festzulegenden Abstand sei eine weitere Veranstaltung anzusetzen. Hier berichten die Fortgebildeten über die Umsetzung von Inhalten in der Praxis. Aufgetretene Probleme werden aufgegriffen und sichern letztendlich den Erfolg der Fortbildung.
- Sie beziehen kognitive Voraussetzungen der Teilnehmenden ein und gestalten damit das Fortbildungsprogramm flexibel. Dies betrifft deren Vorwissen ebenso wie deren motivationale Voraussetzungen, wie z. B. das Interesse am Gegenstand der Fortbildung, die Erwartung, die mit dem Besuch verbunden ist und die Ziele, die sie erreichen wollen. Somit sind die Selbstwirksamkeitserwartungen der Lehrkräfte eminent bedeutsam.
- Sie berücksichtigen das Schulumfeld der Lehrperson und damit deren Beziehung zur Schulleitung, zum Kollegium und zur Situation in den Klassen. Betrachtet werden müssen, inwieweit in der Schule ein offenes Klima für Veränderungen vorliegt, was hinsichtlich Innovationskraft und Reformeifer im Kollegium vorliegt, welches Interesse die Schulleitung an einer unterrichtsnahen Weiterbildung zeigt, ob Kolleginnen und Kollegen aufgeschlossen für die Anwendung des Gelernten im Schulalltag sind und welcher Wert der Begleitung, der Unterstützung und Beratung beigemessen werden. Letztlich geht es auch darum, ob es in der Schule üblich ist, dass Kollegium und Schulleitung ein Feedback erwarten wenn Kolleginnen und Kollegen an einer Fortbildung teilgenommen haben.

Forschung widmet sich auch dem Aspekt der Wirksamkeit und Evaluation von erfolgreichen Lehrerfortbildungen. Stefan Zehetmeier (vgl. Zehetmeier 2010, S. 198 f.) sieht drei Wirkebenen: Wirkungen bezogen auf Wissen, Einstellungen und die Praxis der Lehrkräfte. Sie seien zu erwarten, wenn Fortbildungen folgende Kriterien erfüllen:

- „Passung – Bedürfnisse der Lehrkräfte treffend
- Ownership – Einbezug der Lehrkräfte bei Planung und Durchführung
- Vernetzung – Unterstützung der Kooperation der beteiligten Lehrkräfte einer Schule
- Reflexion – Diskussion und Reflexionen unter den teilnehmenden Lehrkräften

- Praxisbezug – Programm enthält praktische Erprobungsphasen
- Evaluation – kontinuierliches Feedback
- Freiwilligkeit
- Interne Unterstützung: teilnehmende Lehrkräfte erhalten von den Schulleitungen Unterstützung
- Zeitliche Ressourcen – Zeit für Reflexion und Feedback“ (ebd.)

Hinsichtlich nachhaltiger Wirkungen analysiert Zehetmeier Wirkungstypen: Wirkungen während oder am Ende der Fortbildungsmaßnahme und langfristige Wirkungen, welche nach einer zu definierenden Zeit nach Abschluss der Fortbildung feststellbar sind (vgl. ebd.).

Evaluation von Lehrerfortbildung ist ein Forschungsansatz, mit dessen Hilfe die Bedürfnisse und Bedarfe eines Programms (bzw. einer Maßnahme, Veranstaltung oder eines Projekts) eruiert, die Durchführung beobachtet und beschrieben sowie die Wirksamkeit und die Nachhaltigkeit eingeschätzt werden. Dezidiert für Lehrerfortbildungen gilt, dass sie Veränderungen im Lehrerhandeln auslösen, was sich insbesondere in der Nachhaltigkeit zeigen muss. Ein Transfererfolg der auftritt, wenn die im Rahmen der Weiterbildung erlangten Qualifikationen in neues angemesseneres Verhalten der Lehrperson münden.

Allerdings stellt Evaluation von Lehrerfortbildung zum Lehrerhandeln auch ein forschungsspezifisches Problem dar, wenn Wirkungen an verändertem Schülerverhalten ermittelt werden soll, weil hier komplexe und keineswegs nur lineare unidirektionale Zusammenhänge bestehen. Da folglich die Wirkung nicht nur und hauptsächlich bei Schülerinnen und Schülern abzulesen ist, richtet sich der Fokus auf die fortgebildeten Lehrkräfte. Zu untersuchen sind Sichtweisen und Einschätzungen der Teilnehmenden, deren Zufriedenheit und Akzeptanz sowie die eingeschätzte Relevanz. Sie zeigen sich darin, dass fortgebildete Inhalte auf den täglichen konkreten Unterricht bezogen werden können, dass sich in Fortbildungen Gelegenheiten zum Austausch mit Kolleginnen und Kollegen bieten, sich Partizipationsmöglichkeiten eröffnen, Feedback vorgesehen ist und Fortbildungen in einer angenehmen Atmosphäre stattfinden.

6.2 Ausgewählte Aspekte aus der Erwachsenenbildung

Teilnehmerorientierung, Subjektorientierung oder Lebenswelt- und Deutungsmusterbezug sind seit den 1990er Jahren didaktische Leitkonzepte für die Erwachsenenpädagogik. Anders ausgedrückt ist für deren Didaktik erforderlich, dass die Lernsituation vom Lernenden her konzipiert werden muss, das Lernmotiv des Lernenden zentrale Bedeutung hat und das soziale Miteinander eine Grundbedingung darstellt bzw. darstellen muss.

Wie sie auszusehen hat, die Didaktik der Erwachsenenbildung, ist allerdings weitgehend offen bzw. versucht sich jeder Lehrende in einem offenen Feld des freien Experimentierens (vgl. Meueler 2010, S. 973). Da die „groß gewordenen Schüler“ nicht wieder in Situationen geraten wollen, eine falsche Antwort zu geben und dafür öffentlich gerügt zu werden und die soziale Dynamik in jeder Gruppe unterschiedlich ist, ziehe man sich auf Methodisches als Klammer zurück: problemorientierte und aktivierende Arbeitsformen werden eingesetzt, die den Beteiligten vielerlei Formen aktiver Aneignung abfordern: analysieren, vergleichen, herausfinden, bezweifeln, phantasieren, weiterschreiben, gegendenken, Über-alle-Grenzen hinaus-denken, Gegenwelten ausdenken, abverlangen (vgl. ebd.).

Als Orientierungspunkt für die Konzeption von *Starke Lehrkräfte – Starkes Team* dient die von Rolf Arnold konzipierte *Ermöglichungsdidaktik.* (vgl. Arnold 2003, S. 25f.) Sie ist an konstruktivistischen, systemtheoretischen und subjektwissenschaftlichen Erkenntnissen orientiert – nicht nur theoretisch abgeleitet, sondern auch mit der Praxis konfrontiert. Zentral in Arnolds Ansatz ist das selbstgesteuerte und handlungsorientierte Lernen Erwachsener, also subjektorientierte Lehr- und Lernprozesse, für das er didaktische Prinzipien aufstellt und die Rolle des Lehrenden definiert.

Lehrende als Lernermöglicher zeichnen sich nach Arnold aus durch:

- Irrtumsoffenheit (sie wissen um die Relativität eigener und fremder Deutungen und gehen von der Möglichkeit eigener und fremder Fehler bzw. Fehleinschätzungen aus),
- Divergenztoleranz (sie können Widersprüchlichkeiten, Unvereinbarkeiten sowie Ungelöstheiten stehen lassen),
- Veränderungsoffenheit (sie planen Lernprozesse weniger linear als vielmehr aufgaben- und situationsbezogen, wobei sie davon ausgehen, dass ihre Zielerwartungen und Zeitvorgaben von der Dynamik der Lernenden verändert werden können),
- Methodenorientierung und Methodentraining, Umgang mit Unsicherheit (sie wissen, dass sich nur in unsicheren Phasen die Aneignungs- und Selbstorganisationsdynamiken der Lernenden wirksam entfalten können),
- Wirkungsoffenheit (sie geben sich nicht der Illusion hin, dass auch ein bedürfnisorientiertes, praxisorientiertes Fortbildungsprogramm bei allen Teilnehmenden zu Veränderungen im Lehrerhandeln führt).

Lehrende als Lernermöglicherinnen und Lernermöglicher verwirklichen demnach folgende didaktische Prinzipien:

- Eigenverantwortung, also die Eigenständigkeit der Lernenden durch deren aktive Teilnahme an didaktischen Entscheidungen, Rückkoppelung über Feedback-Verfahren,

- Multiple Perspektiven durch Beleuchtung der Sachverhalte aus unterschiedlichen Perspektiven,
- Öffnung des Lernprozesses über den Einsatz neuer Methoden und Kooperationsformen der Teilnehmenden, Gelassenheit gegenüber der Eigenwilligkeit der Lernenden,
- Lebensweltbezug über Situations- und Prozessorientierung,
- Handlungsorientierung, die den Lernenden vielfältige Erprobungsmöglichkeiten anbietet,
- Emotionalität und Nachhaltigkeit, die den Lernenden Gelegenheiten zum nachhaltigen Kompetenzaufbau bieten.

Eine nach diesen Kriterien ausgerichtete Fortbildung hat Konsequenzen für deren Planung. Drei Dimensionen sind daher im Vorfeld zu unterscheiden:

- *Vorbereitung* als Auswahl von Lernzielen, Inhalten, Materialien,
- *Überlegung möglicher Alternativen* und Varianten im Blick auf die Vorkenntnisse, Verwendungssituationen, Heterogenität und Größe der Teilnehmergruppe,
- *mentale Einstellung der Lehrenden auf Überraschungen* d. h. auf ungewöhnliche Deutungen, auf unerwartete Zwischenfragen und auf Teilnehmervorschläge, die dem eigenen Konzept widersprechen.

Besondere Herausforderungen stellen für die Fortbildenden Auswahl, Einsatz und Durchführung der Methoden dar, ihr eigentlicher Kompetenzbereich. Mit ihnen werden die unterschiedlichen Aufgaben bei der Organisation der Lerngruppe, der Vermittlung des Stoffes sowie der Steuerung des Lernfortschritts umgesetzt. Die ausgewählten Vorgehensweisen sollten sich nicht nur auf die Vermittlung des Stoffes beschränken, sondern sich auch auf die angemessene Gestaltung der sozialen und kommunikativen Prozesse beziehen. Wissensvermittelnde, inputgebende und vortragende Verfahren (z. B. ein Referat) stehen neben solchen, die den gemeinsamen Reflexions-, Diskussions- und möglicherweise Entscheidungsbedarf einlösen, sowie darüber hinaus sozio- und psychodramatische Methoden.

Dadurch wird einerseits der Wissenserwerb und andererseits die Deutungsanalyse prozessualer Steuerungen und Entscheidungen gewährleistet, denn Entscheidungsmöglichkeit, Kontextbezug und Erwartungshorizonte sind Besonderheiten des Lernens von Erwachsenen:

- Entscheidungsmöglichkeit: Erwachsene brauchen für das Lernen „innere Entscheidung“; Lernen in eigener Regie: sie selbst bestimmen über Umfang und Intensität des Lernens; es muss auf ihr Interesse und ihre Betroffenheit gebaut werden, die aus Neugier und Entfaltungsbedürfnis aber auch aus Leidensdruck entstehen.

- Kontextbezug: Lernen von Erwachsenen steht in enger Verbindung mit der eigenen Biographie: mit bisherigen beruflichen Tätigkeiten, mit einschlägiger Ausbildung, mit Lebenserfahrung. Vorwissen, Vorerfahrungen und Einstellungen können aufs Neue auftauchen, wenn die Lehrkraft selber wieder lernt. Hier könnte der die Schule bestimmende Generationenkonflikt Schülerinnen und Schüler – Lehrkräfte, der oft Anlass für Machtstrukturen ist, im Zusammenhang Fortbildende – Lehrkraft erneut reinszeniert werden. Kontext stellt auch der berufliche Alltag dar, die spannungsreiche Verbindung zwischen Selbständigkeit und Eigenverantwortung auf der einen Seite *und* vielfältigen Verflechtungen auf der anderen Seite (Kollegium, Aufsichtsorgane, Bildungspolitik, gesellschaftliches Klima).
- Erwartungshorizonte, die sich beziehen auf Wissen und Können: Informationen erhalten, Kenntnisse erweitern, Fähigkeiten hinzugewinnen bzw. ausbauen und Gemeinschaft erleben: Austausch mit Menschen in entsprechender Situation, Befreiung aus Einsamkeitsempfindungen oder tatsächlicher Isolation, die ja im Lehrerberuf sehr hoch sein kann, auf Lebenshilfe: Entlastung von Druck, Anregung von Problemlösungen (z.B. im Umgang mit Schülerinnen und Schülern, Kolleginnen und Kollegen, Eltern), auf Verstärkung des Lebenshilfe-Aspektes (Hilfe bei Problemen) z.B. dann, wenn bei sich selbst Schwächen, Unzulänglichkeiten, Grenzen oder das, was dafür gehalten wird, wahrgenommen werden, auf emotionale Befriedigung. Freude, Entspannung, Entlastung erfahren, Zuwendung und auf Selbstbestätigung erfahren, *ich kann etwas, ich gelte etwas, ich darf sein, wie ich bin.*

Da es unmöglich ist, alle Erwartungshorizonte der Teilnehmenden auf einmal zu erfüllen, besteht die zugrundeliegende Aufgabe darin, Räume zu gestalten, in denen individuelle Erwartungen verfolgt und konkretisiert werden können. Hier wird die Leistungsfähigkeit von wirklicher Beteiligung sichtbar. Sie bietet durch Kleingruppenarbeit Chancen für Kommunikation und Gemeinschaft und hält *gleichzeitig* die Balance zwischen Inhalt und Themenbezug aufrecht.

Für die Gestaltung von Lehrerfortbildung ist zu berücksichtigen, dass Lehrerinnen und Lehrer im Berufsleben stehen und sie eine Ausbildung für ihren Beruf hinter sich haben. Lehrerfortbildung steht folglich im Kontext des Respektierens der beruflich-persönlichen Autonomie der Lehrkräfte und deren Berufsethos, was wiederum bei der Gestaltung von Lernprozessen zu berücksichtigen ist. Insbesondere für die Bewältigung schwieriger erziehlicher Situationen ist es erforderlich, die Lernprozesse in der Lehrerfortbildung auf die eigene Biographie der Lehrerinnen und Lehrer zu beziehen und Anregungen zu verändertem Lehrerhandeln in einen persönlichen praxisbezogenen, situativen Kontext zu stellen, da davon auszugehen ist, dass sie als Schülerin oder Schüler selbst kein erziehungsschwieriges Verhalten gezeigt haben.

6.3 Weiterlernen im Beruf – fokussiert auf Starke Lehrkräfte – Starkes Team

Lernen aus konstruktivistischer Sicht

Konstruktivistisch orientierte Erkenntnistheorien betonen den individuellen Charakter des Lernens, weil es keine objektive Wahrnehmung der Wirklichkeit gibt, sondern nur die je eigene, vom Individuum konstruierte Wahrnehmung der Realität: Neue Erfahrungen und Informationen können das Individuum verändern – oder auch nicht. Die je eigenen Modalitäten zum Beispiel in Form von Wahrnehmungs- und Filterprozessen, Voreinstellungen und Emotionen beeinflussen die Konstruktionen so, dass Lernen nicht mehr als Abbildung von Vorgegebenem, sondern als Ausgestaltung des Eigenen gedeutet werden muss. Damit ist die Selbstorganisation im Lernen angesprochen die besondere Bedeutung in der Erwachsenenbildung erhält, da sie fremdgesteuerte Regulierungen überwindet.

Die Einblicke in die emotionale Konstruktion der Wirklichkeit steigert den Blick auf das Subjektive durch die These, dass wir unsere Wirklichkeit auch so konstruieren, wie wir sie *auszuhalten* vermögen. Häufig erzeugen – rekonstellieren – wir uns die subtilsten Mechanismen, die es uns ermöglichen, die bekannten – schlechten oder guten – Gefühle zu aktivieren (vgl. Arnold 2005, S. 2). Allgemeiner gesprochen meint „auszuhalten vermögen", dass was in unsere mentale Struktur passt, was an unsere erfahrungsgesättigten Deutungsmuster *anschlussfähig* ist, als viabel, also brauchbar und relevant erscheint. Dies ist auf der anderen Seite hinderlich (und muss daher den Fortbildenden bewusst sein) für Ziele von *Starke Lehrkräfte – Starkes Team*, weil Veränderung versus „Aushalten" angestrebt wird.

In einer Lehrerfortbildungsgruppe stoßen nicht nur die subjektiven Deutungsmuster aufeinander, sondern können dadurch auch beim Einzelnen Lernprozesse auslösen, worauf Paul Watzlawick hinweist. Er spricht von der sozialen Dimension der konstruktivistischen Wirklichkeitserzeugung (vgl. Watzlawik 1997). Das heißt für Lehrerfortbildung, dass eigenes Lernen durch Erfahrungen, Wahrnehmungen, Deutungen und Rückmeldungen Anderer maßgeblich beeinflusst wird.

Situiertes Lernen

Unter den Begriffen situiertes Lernen und situierte Kognition sind seit einiger Zeit lehr-lerntheoretische Ansätze in der Diskussion, die auch für das berufsbezogene Lernen bedeutsam sind. „Ausgangspunkt für die Strategie des situierten Lernens (*situated learning*) ist die Erfahrung, dass traditionell erworbenes Wissen oft *träge* ist (*inert knowledge*)" (Helmke 2010, S. 69; Herv. i. O.). Handlungswirksames Lernen wird als situationsgebundener Prozess verstanden, als Wechselspiel zwischen Person und Kontext. Handelnde und ihre (Um-)Welt stehen in einer wechselseitigen, nicht aufzuhebenden Abhängigkeit. Auf Unterricht/Erziehung übertragen heißt das, dass verändertes Lehrerverhalten den Kontext der Klassensituation braucht. Lernen wird dadurch produktiv, dass Lerninhalte problemorientiert und aus verschiedenen Perspektiven bearbeitet werden, wobei Selbstregulation und reflexive Prozesse sowie Unterstützung von außen die Qualität erhöhen.

Hans-Günther Rolff (vgl. Rolff 2007) verortet situiertes Lernen in *learning communities,* also in professionelle Lerngemeinschaften. Professionelle Lerngemeinschaften als ein entscheidendes Merkmal erfolgreich arbeitender Lehrerkollegien, die laut empirischer Befunde das professionelle Wissen der Lehrkräfte, ihre Berufszufriedenheit, ein verstärktes schülerorientiertes Lernen sowie ihre Motivation und Bereitschaft für nachhaltige Veränderungen fördern. Mit *Starke Lehrkräfte – Starkes Team* wird gerade ein Nährboden dafür geschaffen, dass Lehrerkollegien erfolgreich arbeiten können.

Zu ergänzen ist, dass die situierte Sichtweise zu nützlichen Anreicherungen traditioneller Lehr-Lern-Arrangements beitragen kann, wenn Lern- und Anwendungssituation möglichst ähnlich gestaltet werden, was in Lehrerfortbildung durch fallbezogenes Arbeiten erreicht werden kann.

Lernen und Emotionen

„Emotionen bilden die Brücke zum anderen Menschen, um Kommunikation gelingen zu lassen. Sie sichern dabei nicht nur die Möglichkeit von Aneignung und Vermittlung, sondern auch die Selbsterfahrung aufgrund Verstehens und der Empathie des anderen" (Gieseke 2007, S. 15). Kognitive Prozesse sind deshalb auf ihre affektiven Anteile hin zu durchdringen, wegen der wechselseitigen Beeinflussung von Kognitionen und Emotionen.

Für Lehrerfortbildung, die die Lehrerpersönlichkeit in ihrem Verhalten zu Schülerinnen und Schülern und zu Kolleginnen und Kollegen in den Mittelpunkt stellt und aus der Analyse des von ihnen gezeigten Verhaltens Rückschlüsse auf eigenes Verhalten ziehen will und soll, ist der Ansatz Emotionen, Selbsterfahrung, Selbstreflexion zwar von grundlegender Bedeutung, kann andererseits aber auch Widerstände auslösen, um angstauslösende Anforderungs- und Interaktionssituationen zu vermeiden.

Zu denken ist an die lernentwöhnte Teilnehmerin oder den lernentwöhnten Teilnehmer, der plötzlich in sich das Ansteigen einer lange überwunden geglaubten Misserfolgsängstlichkeit fühlt, die mit Emotionen des Ausgeliefertseins und Kleinseins einhergeht und ihn lähmt. Verstärkt ist dieser Aspekt bei Lehrkräften zu vermuten, die bislang noch keine Situation erlebt haben, in der sie über ihr Lehrerverhalten Auskunft geben sollten. Zu denken ist weiter an Andere, die durch *störende* und *besserwisserische* Interventionen die Aufmerksamkeit auf sich ziehen, da sie in alte Muster einer *verzweifelten* Anerkennungssuche zurückfallen.

Für die Fortbildenden heißt das, dass sie mit emotionsgeprägten Grundformen der Lernangst konstruktiv umgehen und insbesondere auch eigene Grundängste zulassen und verstehen müssen, um in der Lage zu sein, bei auffälligem oder lernwiderständigen Teilnehmerreaktionen „anders als nur *aus dem Bauch heraus* zu reagieren“ (Arnold 2001, S. 27).

Reflexives Lernen

Es sei das „reflexive Defizit im Schulalltag zu überwinden und die erzieherische Befähigung durch die Etablierung einer Kultur *pädagogischer Nachdenklichkeit* zu steigern“ (Hidding-Kalde 2010, S. 72), in der das Nachdenken über eigenen und fremden Unterricht gefördert wird. Reflexionen in Lehrerfortbildungen müssen im Nachdenken über eigenen Unterricht die (berufs-)biographische Ebene erreichen. Einzugehen sei auf

> „frühe Erfahrungen der Lehrkräfte mit Nähe und Distanz, im Besonderen aus ihrer eigenen Schulzeit, im Umgang mit einer Schulorganisation, die diesbezüglich Anforderungen hinsichtlich des Rollenverhaltens stellt und die den Aufbau professioneller Deutungen und Muster als jetzt selbst Unterrichtende“ (Kolbe/Combe 2008, S. 892)

beeinflussen. Nur ein selbstreflektierender Umgang mit den eigenen, lebensgeschichtlich vorgängig erworbenen Dispositionen sichert, dass diese nicht oder undurchschaut in die Entwicklung eigener Muster und Routinen Eingang finden. Sinnvolle Interventionen der Rückmeldung und der Unterstützung von Reflexionsprozessen können dazu beitragen, die Verarbeitung problematischer Erfahrungen produktiv zu vollziehen, abhanden gekommene Selbstwirksamkeitserwartungen wieder zu reaktivieren und helfen, Krisen zu überwinden. Über die Fortbildung hinaus, in der reflexives Lernen eine zentrale Stellung einnimmt, sollte erfahrenes reflexives Lernen Eingang in den institutionalisierten kollegialen Austausch im Sinne von Kompetenzerweiterung finden.

Resümee

Lehrerfortbildung zur Bewältigung schwieriger Erziehungssituationen stellt eine große Herausforderung dar. Erfolgreich wird sie nur sein, wenn die gelebte, durchlittene Praxis der Teilnehmenden im Zentrum steht, wenn das soziale Miteinander in der Fortbildungsgruppe aktiviert wird, wenn Systemtheorie, Konstruktivismus, subjektwissenschaftliche Erkenntnisse – nicht nur in den Inputs – angewendet werden und die Mündigkeit der Teilnehmenden in

Form von Selbststeuerung und Eigenverantwortung für das Fortbildungsprogramm beachtet wird.

Lehrerfortbildung erfüllt erwachsenenbildnerische und berufsspezifische Erfordernisse, wenn sie in kommunikativen Prozessen Wissen vermittelt, persönliche Lernvoraussetzungen und berufspersönliche Autonomie der Lehrkräfte beachtet, Entscheidungssituationen herbeiführt und das Reflektieren des pädagogischen Handelns im konkreten Situationsbezug anregt. Angeleitete Reflexionsprozesse tragen dazu bei, dass Selbstreflexion in den beruflichen Alltag Eingang findet bzw. intensiviert wird.

Lehrerfortbildung für die Bewältigung schwieriger Erziehungs- und Unterrichtssituationen muss Wissen über Verhaltensauffälligkeiten und spezifische Förderungen liefern, das im Einklang mit pädagogischen Prämissen steht. Ein breites Methodenrepertoire muss sich öffnen, damit Lehrer-Schüler-Interaktion analysiert und für individuell persönliche Veränderungen anschlussfähig wird.

7 Starke Lehrkräfte – Starkes Team: Fortbildungsprogramm[1]

7.1 Essentials

1. Sowohl der Auftrag zur Konzeption von *Starke Lehrkräfte – Starkes Team* als auch der Wunsch an den Schulträger, Rahmenbedingungen für die Realisierung zu schaffen, waren Voten der Schulleiterinnen[1]. Sie sahen das Erfordernis, nach bereits erfolgten Schulentwicklungsprojekten im Rahmen des Qualitätsmanagements, für Lehrkräfte ihrer Schulen ein Angebot zu entwickeln, das in ein vereinheitlichtes Erziehungskonzept münden sollte. Sie sahen es zudem als notwendig an, dass für alle Lehrkräfte ihrer Schulen Teilnahmepflicht bestand.
   Nun steht die Teilnahme*pflicht* im Gegensatz zu den – oben ausgeführten – Bedingungen erfolgreicher Fortbildungen. Den Schulleiterinnen wie auch den Mitarbeitern an der Konzeptentwicklung war dies bewusst. Die Schulleiterinnen aber beharrten darauf und betonten, dass sie in vorbereitenden Konferenzen, wie auch in Einzelgesprächen für den Pflichtcharakter werben würden. Dies sei letztlich auch erfolgreich gewesen. Es sei kein Widerstand, vielmehr die Bereitschaft, teilnehmen zu wollen, wahrgenommen worden. Die Fortbildenden aber mussten sich darauf einstellen, dass in den Veranstaltungen, insbesondere in der Eröffnungsphase, möglicherweise die Thematik wiederaufkommen könnte. Der Schulträger als Veranstalter stand in gleicher Weise hinter der Maßgabe der Verpflichtung.

2. *Starke Lehrkräfte – Starkes Team* ist insbesondere wegen der Ausrichtung auf das gesamte Kollegium der Schulen aber auch wegen der inhaltlichen Aufgabenstellung der Stärkung der Lehrkräfte in ihren persönlichen Auseinandersetzungen mit verhaltensauffälligen Schülerinnen und Schülern einschließlich der Betrachtung kooperativer unterstützender Anregungen ein Ansatz der weithin seinesgleichen sucht. Zu seiner Konzeption konnte daher eher kaum auf Vorläufer zurückgegriffen werden. Teilbereiche ähneln allerdings bei *FIT for V* (vgl. Albert 2015) Entwickeltem und Evaluiertem. Eher als nachgereichte Bestätigung des Konzipierten wird der Artikel eines Expertenkonsortiums empfunden (vgl. Leidig/Hennemann 2018).

---

1 Leiterinnen des Förderzentrums für emotionale und soziale Entwicklung Rummelsberg, des Sonderpädagogischen Förderzentrums Altdorf, der Berufsschule mit Förderschwerpunkt emotionale und soziale Entwicklung Rummelsberg und der Berufsschule mit Förderschwerpunkt körperliche und motorische Entwicklung Rummelsberg.

Aus diesem Beitrag seien als Erfolgsfaktoren herausgegriffen: berufsbegleitende Fortbildung mit einer Dauer von 18 Monaten für inklusive Förderung in der Grundschule des Halbtages- und Förderzentrums Altdorf, der Berufsschule mit Förderschwerpunkt emotionale und soziale Entwicklung Rummelsberg und der Berufsschule mit Förderschwerpunkt körperliche und motorische Entwicklung Rummelsberg.
Als mitentscheidend hinsichtlich erfolgreicher Implementation werden darüber hinaus die Ganztagesveranstaltungen herausgestellt, die in mehreren Umsetzungsphasen angeleitet und beraten durch Fortbildende einzelne Lehrkräfte und das Kollegium in den Blick nehmen.
Aus Mangel an geeigneten Vorläufern für *Starke Lehrkräfte – Starkes Team* musste im Vorfeld der inhaltlichen und methodischen Feinplanung ein Grobgerüst erstellt werden, das hier mit Essentials überschrieben ist und das Grundlage war für die noch darzustellenden Organisationsüberlegungen, die Festlegung von Tandems und die in den Tandems diskutierten und letztlich festgelegten Fortbildungsbausteinen.

3. *Starke Lehrkräfte – Starkes Team* ist eine Fortbildung, die auf drei (ganztägige) Fortbildungstage verteilt ist: Zwei Tage als Block, eine Zwischenphase zur Anwendung und Prüfung des Erfahrenen und ein dritter Tag, zeitversetzt etwa vier Wochen danach, um aufgekommene Fragen und Probleme bei der Anwendung in der Praxis zu besprechen. Umfang und Ablauf reagieren damit auf weithin geübte Kritik an Fortbildung, die als Nachmittagsveranstaltungen konzipiert sind und die – was besonders herauszustellen ist – davon abweichen, dass Fortgebildete allein gelassen werden, in Fortbildungen Erfahrenes in die Praxis zu übertragen.

4. *Starke Lehrkräfte – Starkes Team*, Schwerpunkt 1:
Die Lehrkraft in ihrer Beziehung zu herausforderndem Schülerverhalten. Anstelle „wohlmeinender Tipps und Tricks“ von Kolleginnen und Kollegen – selbst „verordnete“ Veränderungen im Lehrerverhalten und Lehrerhandeln aufgrund von Reflexionen. Zurückgewinnen von „sich bestätigender“ Selbstwirksamkeit und Handlungsfähigkeit in schwierigen Situationen durch die Reflexion des Folgenden:
Die Lehrkraft mit ihren Routinen, mit ihren subjektiven Theorien, die auch biographische Wurzeln hat: Was ist weiterhin gültig und hilfreich, was ist veränderungsbedürftig, und wie könnte dies zusammen geleistet werden? Die Lehrkraft mit ihren Erziehungsgrundsätzen: Wie haben sich diese im Laufe des Berufslebens verändert und warum? Kann die Auseinandersetzung mit dem christlichen Menschenbild neue Impulse für Erziehung und Unterricht bieten? Kann die Betrachtung von Risikofaktoren versus Resilienzfaktoren zu Erkenntnissen führen hinsichtlich individualisiertem

Unterricht, hinsichtlich unterrichtlichen Anforderungen, hinsichtlich Leistungsbeurteilung? Die Lehrkraft und die Problemschülerin und der Problemschüler: Welches Bild habe ich für mich von der schwierigen Schülerin oder dem schwierigen Schüler? Welche Stärken übersehe ich, weil ich „nur" auf die Störung, auf die Schwächen blicke? Was bringt mir eine Blickwinkelveränderung? Die Lehrkraft und die eigenen Ressourcen: Was gelingt mir gut? Wie kann ich meine Stärken besser zur Geltung bringen? Die Lehrkraft und die schwierige Klasse: Welche Strategien kann ich einsetzen, um Aufschaukelungsprozesse zu vermeiden? Welche Strategien sind für mich passend, die ich erfolgreich einsetzen kann? Die Lehrkraft und ihr Auftreten in der Klasse: Was drückt meine Körpersprache aus? Wie wirkt mein Sprachverhalten? Was kann hilfreich sein, damit die Schülerinnen und Schüler erkennen, dass ich agiere und nicht nur reagiere?

5. *Starke Lehrkräfte – Starkes Team*, Schwerpunkt 2:
   Die Lehrkraft in ihrer Beziehung zum Lehrerkollegium – Wahrnehmen, dass „gemeinsam statt einsam" mit dem Erkennen eigener Anteile beginnt, die die Kooperation in der Schule steigern. Motivieren für die Arbeit am einheitlichen Erziehungskonzept der Schule: Schulregeln als „Aufhänger". Welche impliziten und expliziten Regeln gelten an unserer Schule? Haben wir in der Schule Regeln, die vom christlichen Menschenbild getragen sind? Besteht Konsens bei den Kolleginnen und Kollegen hinsichtlich dieser Regeln? Wie gehen wir mit Regelüberschreitungen, insbesondere bei Kolleginnen und Kollegen um? Herrscht bei uns ein Klima des Miteinanders, in dem Konfliktgespräche frühzeitig und kompetent geführt werden? Wie kann die Kooperation im Klassenteam bzw. im Stufenteam intensiviert werden?
   Das Kollegium als ein Team. Zeigen wir der Kollegin oder dem Kollegen Wertschätzung, auch wenn in einer schwierigen Situation unterschiedliche Ansichten aufeinanderprallen? Gibt es an der Schule ein tragfähiges Unterstützungssystem, das insbesondere auch auf persönliche Schwierigkeiten von Kolleginnen und Kollegen reagiert? Wie integrieren wir neu an die Schule versetzte Lehrkräfte?
   Die Schule und damit das Lehrerkollegium als „Organisation, die regelmäßig ihre theoretische Grundlegung überprüft, ebenso ihre Praxiskonzepte, diese mit aktuellen Gegebenheiten abgleicht", steht ebenso im Fokus, wie die Reflexion des eigenen Unterrichts als Voraussetzung für die „Profilschärfung des Schulkonzepts" (Schreier et al. 2021).

7.2 Organisation

Mit den Maßgaben, alle Lehrkräfte einer Förderschule sollen an drei Tagen (8.30 Uhr bis 16.30 Uhr) an der Fortbildung teilnehmen (können) ohne, dass die Maßnahme in die unterrichtsfreie Zeit fällt und somit an Unterrichtstagen stattfinden darf, stellte sich ein massives logistisches Problem. Allein die Notwendigkeit, dass der Unterricht der an den Fortbildungen teilnehmenden Lehrkräfte vertreten werden muss, zeigte sehr rasch, dass der ursprüngliche Wunsch der Schulleiterinnen – eine Fortbildung für *meine* Schule – nicht realisierbar war. Als durchaus vertretbare Alternative erwies sich, dass sich Lehrkräfte aus den vier Rummelsberger Förderschulen für die Fortbildung anmelden können. Vertretbar insbesondere wegen des sonderpädagogischen Förderbedarfs, den Schülerinnen und Schüler in den Schulen mit dem Förderschwerpunkt emotionale und soziale Entwicklung sowie im Sonderpädagogischen Förderzentrum haben. Aber auch die Schülerinnen und Schüler, die die Berufsschule mit dem Förderschwerpunkt körperliche und motorische Entwicklung besuchen, haben erhebliche Schwierigkeiten im sozial-emotionalen Verhalten, was die für diesen Förderschwerpunkt wenig oder nicht vorgebildeten Lehrkräfte vor große Probleme stellt.

Mit der hier dargestellten Organisationsform könnten allerdings Zweifel aufkommen, ob bzw. wie der Fortbildungsschwerpunkt *Starkes Team* hinreichend verwirklicht werden kann. Dem ist entgegenzuhalten: Die Fortbildenden planen die Fortbildungsinhalte in ihren Tandems in dem Wissen dass, wenn es um Kooperation im Lehrerkollegium geht, hier Techniken und Inhalte anzusprechen sind, die nicht eins zu eins in der nächsten Konferenz in der jeweiligen Schule umgesetzt werden können bzw. sollen. Bei einigen Trainingsansätzen, z. B. die für die Führung von Konfliktlösungsgesprächen ist es gar eher von Vorteil, wenn Übungsformen nicht gleich Ernstcharakter haben, wenn die Übungspartnerin oder der Übungspartner gleichzeitig auch Kollegin oder Kollege der Schule wäre.

Ergänzend noch: Auch, wenn die Fortbildungen für die Lehrkräfte in deren Unterrichtspflichtzeiten liegen, reicht das Zeitkonzept in deren unterrichtsfreier Arbeitszeit hinein, in denen Lehrkräfte sich vorbereiten, korrigieren, Materialien beschaffen. Sie müssen folglich ganz nüchtern betrachtet, „für den Träger“, der diese Fortbildung wünscht, Mehrarbeit leisten. Möglicherweise auftretende motivationale Schwierigkeiten müssen im Vorfeld berücksichtigt bzw. ihnen gegengesteuert werden. Der Schulträger sah es deshalb als seine Aufgabe an, für die Veranstaltungen Tagungsstätten auszuwählen, die weit über die leibliche Versorgung hinaus ansprechend sind.

7.3 Fortbildungstandems

Kompetenzen der Fortbildenden

Schulleitungen und Schulträger waren sich einig, dass die Fortbildungsinitiative innerhalb von maximal zwei Schuljahren durchgeführt werden sollte; somit galt es, für etwa 120 Kolleginnen und Kollegen Teilnahmemöglichkeiten bereitzustellen. Inhalte und insbesondere Methoden erforderten, Fortbildungsgruppen zu je zwölf Teilnehmerinnen und Teilnehmer zu bilden. In den Fortbildungen thematisierte Inhalte und Methoden verlangten zudem die Zuordnung von zwei Fortbildnern pro Fortbildungsgruppe, also die Bildung von Fortbildungstandems.

Eine weitere Voraussetzung dafür, in die Detailplanung einzutreten, war folglich die Frage, ob genügend motivierte und kompetente Fortbildende gefunden werden konnten; entscheidend insbesondere deren Kompetenz. Zu unterscheiden ist hier zwischen der *Feldkompetenz* und der *Beratungskompetenz*, über die die Fortbildenden ja nach aktueller beruflicher Tätigkeit und Ausbildung, schwerpunktmäßig zwar differenziert, aber auch aufgrund der eigenen Berufserfahrung übergreifend verfügen müssen.

Die Suche richtete sich einmal auf erfahrene Lehrkräfte der teilnehmenden Schulen, die über die notwendige *Feldkompetenz* verfügen, die sich darin ausdrückt, dass Unterrichtsspezifisches bestens bekannt ist, wie Lernförderung, differenzierende Leistungsanforderungen, Beurteilung und Bewertung von Schülerleistungen, diese aber auch praxiserprobte Erfahrungen mit Unterrichtsmodellen und den Sozialformen des Unterrichts besitzen.

Die Suche bezog sich zum anderen auf Lehrkräfte, die sich in der Lage sehen, eigentlich Kollegin oder Kollege zu sein und nun als Fortbildnerin, als Fortbildner aufzutreten. Bezogen auf die angesprochene Feldkompetenz wurde insbesondere die zu erwartende Inhomogenität der Fortbildungsgruppe, was Dienstjahre und Erfahrungsschatz der Teilnehmerinnen und Teilnehmer anbetrifft, thematisiert: Konkret die etwas überzeichnete, aber doch mögliche Konstellation: eine hoch engagierte junge Kollegin, Fortbildnerin, erscheint der deutlich dienstälteren Kollegin im Rahmen der fallbezogenen Reflexion in der Fortbildung als besser wissende Unbedarfte, die erst einmal eigene Erfahrungen sammeln müsste, um dann zur Erkenntnis zu kommen, dass bei dieser Schülerin oder bei diesem Schüler eben gar nichts hilft oder geht. Das Dilemma in einer derartigen Situation ist ja, dass die fortbildende Kollegin nichts als einen Reflexionsprozess anregen möchte, keineswegs mit Ratschlägen oder Tipps aufwarten will, sie jedoch möglicherweise auch gar nicht dazu kommt, ihre Intention zu verdeutlichen.

Diese Problematik berücksichtigend wurde die Suche nach Kolleginnen und Kollegen als Fortbildende nach den Kriterien ausgerichtet: Freiwilligkeit, Empfehlung von der Schulleiterin, Beratung im Team der Fortbildungstandems, die – wie unten aufgeführt – neben der Planung der Fortbildungsbausteine insbesondere auch die Tandembildung selbst als wesentliche Aufgabe erkannte.

Zur Realisierung des Schwerpunkts Beratung im Fortbildungskonzept waren Fortbildende zu finden, die über Beratungskompetenz verfügen. Hier, wie auch bei der Suche nach Fortbildenden im Bereich der Rummelsberger Förderschulen, erstreckte sich die Suche auf Kolleginnen und Kollegen, die in der Rummelsberger Jugendhilfe tätig sind. Von der Dienststellenleitung wurden Damen und Herren angesprochen, die als Psychologen oder Psychologinnen, Heilpädagoginnen oder Heilpädagogen oder Sozialpädagoginnen und Sozialpädagogen mit Supervisionsausbildung in Einrichtungen der Rummelsberger Jugendhilfe tätig waren.

Fortbildungstandems-Arbeitskreis

Zehn künftige Fortbildende erfüllten die dargestellten Kriterien und waren zunächst damit beschäftigt, die Zuordnung in Tandems zu entscheiden. Die Erfordernisse einer gemeinsamen Leitung von jeweils zwei Fortbildenden – über persönlich Verbindendes als wesentliche Voraussetzung für die wünschenswerte Tandembildung hinaus – wurde insbesondere anhand methodischer Aspekte thematisiert.

Da in den Fortbildungen individuelle Lernprozesse der Lehrkräfte in einem kooperativen, kommunikativen Setting stattfinden sollen, ist die Beeinflussung der *Gruppendynamik* zu bedenken. Veränderungen im pädagogischen Handeln über Wirkungen der Fortbildenden, aber auch über von Gruppenmitgliedern ausgehende Effekte, können nur ausgelöst werden, wenn sich der Einzelne in der Gruppe beachtet fühlt, wenn seine Widerstände wahrgenommen werden und wenn gegen das Aufkommen von Dominanz gesteuert wird. Wahrnehmung und Steuerung gruppendynamischer Prozesse erfordern,

- den gruppendynamischen Ausgangszustand der Fortbildungsgruppe zu analysieren,
- die Stellung des Einzelnen in der Gruppe zu beobachten,
- Dominanzen und Widerstände Einzelner wahrzunehmen,
- und Veränderungen im Motivations- und Wertesystem der Gruppe zu erkennen.

Gemeinsame Leitung und Gestaltung der Fortbildungen im Tandem, wohl treffend mit Team Teaching oder Advanced Training bezeichnet, erfordert eine Lehrmethode, die als kooperative zu bezeichnen ist. Sie bezieht sich auf Vorbereitung, Durchführung und Auswertung der Fortbildungen. Sie muss Differenzierungen im Hinblick auf die heterogene Fortbildungsgruppe ermöglichen und den Fortgebildeten als Modell für die eigene Unterrichtsarbeit dienen können.

Da Team Teaching nur gelingen kann, wenn die Lehrenden kommunikative Beziehungsarbeit leisten, wenn sie es wirklich gestalten wollen, musste Beziehungsklärung unter den Fortbildenden einsetzen, die vor allem von gegenseitiger Wertschätzung derer bestimmt sein muss, die ein Tandem bilden. Darüber hinaus musste geklärt werden, dass Fortbildende sich zu einem Tandem zusammenbinden, wenn sie bereit sind:

- regelmäßig über einen längeren Zeitraum zusammenarbeiten zu wollen,
- offen miteinander zu kommunizieren, ihre Ressourcen bereitwillig einzubringen und Konflikte lösungsorientiert zu bearbeiten,
- kontinuierlich gemeinsame Fortbildungserfolge zu reflektieren und ggf. Veränderungen vorzunehmen.

Weiter musste bewusstgemacht werden, dass im Tandem zusammenarbeiten heißt:

- sich die gemeinsame Verantwortung für Vorbereitung, Planung und Reflexion zu teilen und
- Ideenaustausch als Grundlage für ein breiter gefächertes Methodenrepertoire, das in der Fortbildung zur Anwendung kommt, ausgehend von den Erfahrungen, Kenntnissen und Erfahrungen der Fortbildner zu akzeptieren und betreiben.

Anhand des in Fortbildungsbausteinen enthaltenen Aspekts „Wissensvermittlung“ soll idealtypisch die Kooperation im Tandem verdeutlicht werden. Sie geschieht zunächst im *Plenum*. Die *Inputphase* übernimmt ein Fortbildner oder eine Fortbildnerin, der oder die andere beobachtet, sofern er oder sie nicht mit Visualisierung von Ergebnissen bzw. medientechnischen Aufgaben beschäftigt ist. Das Beobachten und Protokollieren von Reaktionen der Fortgebildeten fördert Daten, die unter den Fortbildnern ausgetauscht und besprochen werden, führt also zu Reflexionen, die möglicherweise zu unterschiedlichen Sichtweisen über eine Situation führen. Der Inputphase folgt eine *Erarbeitungs-, Übungs- und Anwendungsphase* in *Gruppen-, Partner- bzw. Einzelarbeit* in differenzierter Form.

Team Teaching verbindet so verschiedene Sozialformen der Fortbildungen. Hier übernehmen die Fortbildenden Moderationsaufgaben:

- Sie unterstützen die Gruppen, die Partner bzw. Einzelne dabei, auftretende Probleme selbst zu lösen.
- Sie weisen den Weg zum Ziel und stellen ggf. geeignete Methoden und Techniken bereit.
- Sie fördern die Kommunikation, indem sie Fragen stellen, keine Wertungen abgeben und Wertschätzung den Fortgebildeten gegenüber ausdrücken.

Sozial- und Arbeitsformen für weitere Inhalte der Fortbildungen wurden im Hinblick auf die Aufgabenstellung für die Fortbildenden festgelegt:

- Parallelgestaltung, z. B. bei kollegialer Fallberatung, die Fortbildenden leiten jeweils eine von zwei Arbeitsgruppen,
- Dreiergruppen, z. B. bei der niederlagenfreien Konfliktlösung, wenn jeweils zwei Lehrkräfte agieren, die dritte beobachtet und nach vorgegebener Zeitdauer die *Rollen* gewechselt werden, beobachten die Fortbildenden und achten auf Einhalten der Regeln.

Auch wenn Veränderungen im Lehrerhandeln, also die Aufgeschlossenheit für die Auseinandersetzung mit dem eigenen Lehrerverhalten ein Erfolgskriterium der Fortbildung schlechthin ist, war davon auszugehen, dass die dazu eingesetzten Methoden Ängste, Widerstände oder gar Blockaden auslösen können. Dies in vermutlich sehr unterschiedlicher Ausprägung, je nach dem, wie und welche Vorerfahrungen vorliegen.

Der Arbeitskreis der Fortbildungstandems diskutierte den Selbstoffenbarungsanteil in verschiedenen diesbezüglichen Methoden, wie kollegiale Fallberatung und Rollenspiele und versuchte sich in einer Einschätzung, welche der Methoden weniger oder mehr „gefährlich" sind. Vor allem aber wurde in häufig eingesetztem Feedback der Teilnehmerinnen und Teilnehmer und in hoch intensivem Beobachten der Fortbildenden der Weg gesehen, auch mit sehr unterschiedlichen Selbstoffenbarungen in der Fortbildungsgruppe positiv umgehen zu können.

Zentrale Aufgaben des Arbeitskreises der Fortbildungstandems (in der Vorbereitungsphase) waren schließlich:

- Bildung der Tandems
- Umsetzung der Essentials in inhaltlich und methodisch beschriebene Bausteine
- Erprobung ausgewählter Elemente aus den Bausteinen

Den Fortbildenden war bewusst, dass – auch tandembezogene Erfahrungen – mit Fortbildungsteilen zwar zeitintensiv waren, damit aber im Wesentlichen die Gewähr für weitgehend gleichwertige Fortbildungen der Tandems gegeben war.

Über die Planungsphase hinaus wirkte der Arbeitskreis Fortbildungstandems zum Erfahrungsaustausch, zu Fragen der Evaluation und zur Rückmeldung an den Schulträger.

7.4 Methoden

Die Arbeitsgruppe diskutierte und legte darstellende, stofforientierte, kommunikativ, gestalterisch orientierte und beratungsorientierte Methoden fest (vgl. Tabelle 1). Das Konzept stellt das von allen Fortbildungsteams verbindlich angewandte Repertoire dar, das aber mit methodischen Kleinformen individuell

Kategorien	Formen	Ziel
darstellende Methoden	Impulsreferat/Lehrgespräch	Sparsam vermittelte Informationen; Anknüpfen an Bekanntes; Einbeziehen der Teilnehmenden
stofforientierte Methoden	Kartenabfrage	Teilnehmeräußerungen zu einem Problem/einer Frage
	Brainstorming	Sammeln von Assoziationen der Teilnehmenden bei erfahrungsreflektierenden Lernprozessen
	Punkteabfrage/„Punkten"	Herausstellen von Meinungen/ Stellungnahmen, um Diskussionen auszulösen oder Verlauf der Veranstaltung zu gewichten
kommunikativ orientierte Methoden	Karussell-Diskussion/„Kugellager"	Teilnehmeraktivierung; Diskussion mehrerer Themen simultan
	Feedback	Rückmeldung der Teilnehmenden zu Beziehungen in der Gruppe und zu Lernprozessen
	Stimmungsbarometer	Teilnehmeräußerungen zur aktuellen Befindlichkeit
	Redekette	Teilnehmeräußerungen zur Reflexion besonderer Ereignisse auf Lehrimpulse
gestalterisch orientierte Methoden	Arbeiten mit und Erstellen von Bildern	Ausdrücken einer Thematik mit Bildern; Anhaltspunkte für Interpretationen und Austausch mit Teilnehmenden
Methoden zur Steigerung der Selbstwirksamkeit der Lehrkräfte	– Gesprächsführung bei Konflikten (mit Schülerinnen, Schülern und mit Kolleginnen, Kollegen) – kontrolliertes Auftreten in der Konfliktsituation (n-e-B; KEB) Konflikt- Nacharbeitsgespräch – Blickwinkeländerung	– eigene Beiträge zu Prävention und Deeskalation – Umdeuten von Unterrichtsstörungen
	kollegiale Fallberatung	– Lehrkräfte als Beraterin, Berater und Fortbildner als Moderatorinnen, Moderatoren analysieren – Problemsituationen und entwickeln von Problemlösungen
	Rollenspiel/Rollenspiel von Konfliktsituationen	Steigerung der kommunikativen Kompetenz, der Rollendistanz, Empathie und Ambiguitätstoleranz, Änderungsansätze im Lehrerhandeln

Tabelle 1: Methodenübersicht Starke Lehrkräfte – Starkes Team

ergänzt werden kann und soll. Methoden, die einer breiteren Erläuterung bedürfen, werden im Folgenden beschrieben, andere in der Darstellung der Bausteine. Zu einigen Fortbildungsmethoden und Übungen wurden Arbeitsblätter und Handouts erstellt. Sie wurden den Teilnehmenden jeweils zur Aufgabenstellung (Arbeitsblätter) bzw. nach einem Übungsabschnitt (Handouts) übergeben. Sie dienten der Darstellung wesentlicher Inhalte und Handlungsschritte.

Methode Kugellager

Mit der Kugellager-Methode, auch als Karussellgespräch bezeichnet, erfolgt ein zeitlich begrenzter mündlicher Informationsaustausch über vorgegebene Fragen der Moderatorin oder des Moderators zu einem Thema. Ziele der Methode sind die Übung in freier Rede gegenüber Zufallspartnern, die Überwindung der Hemmschwelle zu aktiver Teilnahme und Diskussionen, die Steigerung des Selbstvertrauens aber auch das Wecken der Bereitschaft, über emotionale persönliche Themen zu sprechen. Häufiger Partnerwechsel bringt verschiedene Teilnehmerinnen und Teilnehmer miteinander ins Gespräch.

Das Verfahren kann als *Warmup* angewendet werden, zu Beginn der Fortbildungen, aber auch, um ein neues Thema anzudiskutieren. Als Variante kann die Methode zur vertiefenden und eher intimeren Auseinandersetzung mit einem Themenkomplex eingesetzt werden. Hier bezieht sich die Wirkung auf Verifizieren und Ergänzen der bearbeiteten Inhalte durch die jeweiligen Gesprächspartner als Feedback-Variante.

Die Durchführung gliedert sich in:

- Halbieren des Plenums.
- Die erste Gruppe bildet einen Innenkreis, die zweite einen Außenkreis – die Teilnehmenden stehen sich einander zugewandt gegenüber.
- Auf die Frage der Moderatorin oder des Moderators berichtet die Person im Innenkreis, die im Außenkreis hört zu.
- Nach einem Signal der Moderatorin oder des Moderators berichtet die Person im Außenkreis und die Person im Innenkreis hört zu.
- Weitere Fragen der Moderatorin oder des Moderators schließen sich mit analoger Struktur an, wobei die folgenden Gespräche mit dem Hinweis eröffnet werden, dass sich entweder der Außenkreis oder der Innenkreis um zwei oder mehr Positionen im Uhrzeigersinn bewegt.
- Es können sich auch beide Kreise bewegen, mit dem Ziel, dass stets andere Gesprächspartnerinnen und Gesprächspartner aufeinandertreffen.

Feedback

Soziales Feedback besteht darin, dass es *beschreibend* – aber nicht bewertend – informationsvermittelnd; *konkret,* allgemeine Statements verhindernd; *angemes-*

sen, die Bedürfnisse der angesprochenen Person beachtend; *brauchbar,* die angesprochenen Verhaltensweisen von der anderen Person veränderbar ermessend; *erbeten,* das offene Ohr des Angesprochenen voraussetzend; *sprachlich präzise,* die sprachliche Kompetenz des Angesprochenen berücksichtigend; *konkret prüfbar,* sich auf eine konkrete Situation beziehend ist. Damit sind die zwei Aspekte des Feedbacks angesprochen, Feedback geben und Feedback nehmen.

Feedback geben

Zum Abschluss eines jeden Bausteins soll Feedback durch *Blitzlicht* erfolgen. Blitzlicht ermittelt schnell Stimmung, Meinung, Stand bezüglich und Beziehung in einer Gruppe und insbesondere die Innensicht der Teilnehmerinnen und Teilnehmer zu erfolgten bzw. (noch) nicht erfolgten Lernprozessen. So können augenblickliche Befindlichkeiten, Interessen, verdeckte Wünsche, aber auch Störungen in der Fortbildungsgruppe sichtbar werden, die in der sich anschließenden Diskussion aufgearbeitet werden können und die möglicherweise Einfluss auf die weitere Fortbildungsgestaltung haben. Teamentwicklung wird gefördert, indem Offenheit, Ehrlichkeit und Vertrauen in zwischenmenschlichen Beziehungen gestärkt werden.

In der einfach und ohne Arbeitsmaterial anzuwendenden Methode äußern sich die Teilnehmenden mit wenigen Sätzen – nicht länger als eine Minute, möglichst kürzer – zu einer von den Fortbildnern gestellten Frage mit der Maßgabe:

- jede Teilnehmerin und jeder Teilnehmer spricht nur über sich, seine persönlichen Vorstellungen und Erwartungen,
- die Aussagen beziehen sich auf die Frage und werden in Ich-Form geäußert,
- während die Teilnehmerin oder der Teilnehmer sich äußert, sind die Gruppenmitglieder ausschließlich Zuhörerinnen und Zuhörer, nur Verständnisfragen sind zulässig,
- getroffene Äußerungen werden nicht kommentiert, kritisiert oder bewertet bevor sich nicht alle Teilnehmenden geäußert haben, findet keine Diskussion statt.

Am Ende des ersten Fortbildungstages soll Feedback durch ein *Stimmungsbarometer* erfolgen. Es wird hier danach gefragt, wie sich die Teilnehmenden aktuell fühlen. Diese Methode, offen durchgeführt durch Aufstellen der Teilnehmenden im Raum, oder verdeckt, durch Punkten an einer Pinnwand, jeweils bezogen auf +/– Pole, soll in den Fortbildungen in verdeckter Form geschehen. Sie wird somit als Alternative zum Blitzlicht verstanden, als Möglichkeit sich anonym äußern zu können. Das Bild soll nach Abschluss der Eintragungen ohne Diskussion der Gruppe gezeigt werden. In die Nachbesprechung der Fortbildenden, in der die Gestaltung des nächsten Fortbildungstages vorstrukturiert wird, soll die Analyse des Stimmungsbarometers einfließen.

In ähnlicher Weise wurde zu Beginn eines jeden Fortbildungstages ein *Morgenbarometer* auf einem Flipchart-Blatt erstellt. Die Teilnehmenden positionieren sich im Hinblick auf eine Impuls-Frage hin (Guten Morgen! Wie geht's?) mit einem Symbol auf einer kontinuierlichen Skala zwischen entgegen gesetzten Polen (sehr schlecht .... sehr gut). Nach den Einträgen aller sind lediglich Erläuterungen in Blitzlicht-Form zulässig. Dieses „Barometer" ermöglicht ein rasches Feedback zur Befindlichkeit der einzelnen Teilnehmerinnen und Teilnehmer und der Gruppe für alle Beteiligten.

Auf systemisch-konstruktivistischer Grundlage basiert die Feedback-Methode *Lehrerportfolio,* das in verschieden Bausteinen eingesetzt werden soll. Portfolio, abgeleitet aus portare (lat.) und folium (lat.), meint eine Mappe mit losen Blättern oder Arbeiten, die jede Teilnehmerin und jeder Teilnehmer erstellt. In diesen Blättern können die Ausgangssituation des Lerners, seine erworbenen Kompetenzen im Lernprozess und – im Anwendungsbezug – seine Ziele und seine Feststellungen zum Transfer gesammelt werden. Konstruktivistisch gesehen können die Teilnehmenden so aktiv in Auswahl und Interpretation ihrer Lernfortschritte eingreifen oder auch mit anderen Fortgebildeten oder den Lehrpersonen vornehmen. Auf diese Weise findet eigenständiges bzw. begleitetes Feedback statt.

Im Fortbildungsprozess erfolgen Einheftungen in die Mappe in der

- Analysephase: Auf welchem Stand bin ich, was brauche ich, was kann ich gut?
- Reflexionsphase: Was habe ich an Neuem gelernt?
- Planungsphase: Welches Ziel setze ich mir; wie kann ich das Ziel erreichen?
- Transferphase: Habe ich mein Ziel erreicht; welche Unterstützungen brauche ich noch?

Feedback nehmen

In der fallbezogenen Gruppenberatung schildern Lehrkräfte Problemsituationen, in denen sich Mängel und Schwächen offenbaren. Beratung erfolgt durch Äußerungen der Gruppenmitglieder. Es ist Aufgabe der Fortbildenden, den Rahmen so zu gestalten, dass dieses Feedback entsprechend den oben beschriebenen Grundsätzen erfolgt. Hierzu sollen sie geeignete Steuerungsmaßnahmen ergreifen, die für die kollegiale Fallberatung und für Rollenspiele zu Konfliktsituationen zu bedenken sind.

Methode Blickwinkelveränderung (*reframing*)

Auftreten bzw. Ausprägung von Verhaltensauffälligkeiten zu beeinflussen, verlangt danach, Signale wahrzunehmen. Dies erfordert von der Lehrkraft, die

Lehrer-Schüler-Interaktion gleichsam aus einem Beobachterstatus zu betrachten. Über der schwierigen Situation stehend, gilt es, Aktivitäten der Schülerinnen und Schüler, als auch eigene, einer Prüfung zu unterziehen. Bezogen auf wahrgenommene Verhaltensauffälligkeiten, also die Schülerseite in den Blick nehmend, wird einem Ansatz gefolgt, der der Lehrkraft über Blickwinkelveränderung Handlungsmöglichkeiten bzw. -notwendigkeiten aufzeigt. Angelehnt an Alex Molnar und Barbara Lindquist (vgl. Molnar/Lindquist 1990) erschließen sich Blickwinkeländerungen aus Umdeutungen, einer positiven Konnotation des Motivs, der Technik der Symptomverschreibung, einer Problemlösung als Lösen vom Problem und dem Konzentrieren darauf, was kein Problem ist. Begründet ist dieser Ansatz im konstruktivistischen Grundgedanken, dass ein beliebiger Sachverhalt nicht *an sich* eine bestimmte, festgelegte Bedeutung in sich trägt, sondern dass die jeweilige Bedeutung von der jeweiligen Beobachterin oder vom jeweiligen Beobachter zugeordnet wird. Diese aber – auch durch kollegiale Unterstützung – grundsätzlich, z. B. auf blinde Flecke hin zu hinterfragen, ist der Wesenskern der Blickwinkelveränderung.

In diesem Ansatz, Unterrichtsstörungen aus einem anderen Blickwinkel zu sehen, reflektieren die Lehrkräfte eine schwierige Unterrichtssituation mit einer Schülerin oder einem Schüler. Sie schlüsseln personen- und situationsbezogene Details auf, die zu dieser Bewertung geführt haben. In einem zweiten Schritt ordnen sie unter der Maßgabe, sich in die Rolle der Schülerin oder des Schülers zu versetzen, verborgen gebliebene Signale (was z. B. trotzdem noch Positives im Verhalten verborgen sein könnte) zu. Die damit erkennbaren personen- und kontextbezogenen Aspekte ermöglichen in einem dritten Schritt, Veränderungsstrategien für Erziehung und Unterricht abzuleiten.

Die Methode fordert nachgehende Betrachtung des im Unterricht Abgelaufenen und erfüllt damit ein Erfordernis professionellen Lehrerhandelns. Sie eignet sich als Einstieg in die kollegiale Fallberatung, was in den Fortbildungen erfolgen soll. Sie stellt zudem ein Verfahren dar, das Selbstreflexion ermöglicht, die – ergänzt mit Erfahrungen aus der kollegialen Fallberatung – zum professionellen Handlungsrepertoire werden kann.

Der Methode Blickwinkelveränderung noch eine Variante beizufügen ergibt sich daraus, dass es für Lehrkräfte durchaus schwierig sein kann, auch nur ansatzweise Stärken der Schülerin oder des Schülers zu erkennen, ganz nach dem Motto: Was nützt das Wissen um die Stärken und Fähigkeiten eines Kindes, wenn es den Unterricht ständig stört?

Hier bietet sich an, die Blickwinkel Stärken/Ressourcen noch durch eine weitere Blickwinkelebene zu erweitern – die Thematisierung des *subjektiven Erlebens.* Dieses zu betrachten wird erkennen lassen, dass die gezeigten Verhaltensweisen konträr zu den eigentlichen Absichten stehen könnten. Denn: Nicht jede Beleidigung will verletzen und nicht jeder geworfene Stuhl will treffen, sondern ist möglicherweise Ausdruck eines Lösungs- oder Anpassungsversuchs für eine bestimmte Situation, in der es um Angst vor ausbleibender Anerkennung, den Wunsch nach Beziehung oder die Sehnsucht nach Zuwendung geht. Zu Tage tretende Performanzprobleme hinterfragt, lassen Ängste und Befürchtungen als Erklärungen für die gezeigten Verhaltensweisen hervortreten. Dieser Blickwinkel eröffnet für die Lehrkraft pädagogische Handlungsansätze, bei denen sich Handeln aus dem Verstehen von Verhaltensbotschaften ableitet (vgl. Müller 2018).

Methoden der Gruppenberatung

Kollegiale Beratung/Kooperative Beratung

Im pädagogischen Bereich wurde von Wolfgang Mutzeck (vgl. Mutzeck 2008) sowohl der Begriff als auch die „Technik" (einschließlich der Empfehlungen für Trainerausbildung) der kooperativen Beratung eingeführt, Basis auch für die in den Fortbildungen zum Einsatz kommende kollegiale Fallberatung. Das Modell der kooperativen Beratung ist am humanistischen Menschenbild orientiert. Sie versteht den Menschen als ganzheitliches Wesen, das denkt, entscheidet, will, fühlt, spricht und handelt. Entscheidend ist sein Zugang zur Wirklichkeit und zu sich selbst, auf dessen Grundlage er Entscheidungen trifft und handelt. Er ist in der Lage, die eigene Welt- und (in Auseinandersetzungen) Konfliktsicht, im Gespräch mitzuteilen. Gespräche auf der einen Seite, aber auch zunehmend eigene Auseinandersetzungen, ermöglichen es ihm, Handlungsabläufe zu reflektieren und daraus ggf. (zumindest für künftiges Handeln) Alternativhandeln für sich zu ermitteln bzw. sich vorzunehmen.

Bei *Starke Lehrkräfte – Starkes Team* soll die fallbezogene Analyse von konflikthaft erlebten Situationen, die Erarbeitung von Handlungsstrategien und die damit verbundene Auseinandersetzung mit der eigenen Lehrerrolle mit Hilfe der Kollegialen Beratung nach dem *Heilsbronner Modell* durchgeführt werden (vgl. Heilsbronner Modell). Die Fortbildenden einigten sich auf dieses Modell, da sie damit selbst Erfahrungen gesammelt hatten. Kollegiale Beratung nach diesem Modell sieht die Gruppenmitglieder in der Rolle der Beraterinnen und der Berater; die Funktion der Fortbildenden ist die der Moderatorinnen und der Moderatoren, die darauf achten, dass die folgenden Schritte eingehalten werden:

- Vortragen der Problemsituation: die Fallgeberin oder der Fallgeber versucht das Problem so gut wie möglich darzustellen, wobei die Gruppenmitglieder aufmerksam und konzentriert dem Bericht folgen, ohne die Fallgeberin oder den Fallgeber zu unterbrechen und Empfindungen und Assoziationen notieren, die der Bericht bei ihnen ausgelöst hat.
- Nachfragen: Die Gruppenmitglieder stellen Informations- und Verständnisfragen an die Fallgeberin oder den Fallgeber, wobei die Moderatorin oder der Moderator darauf achtet, dass nicht diskutiert wird, dass nur Fragen zugelas-

sen werden, die helfen, den Fall besser zu verstehen und keine Vermutungen angestellt werden.

- Sammeln von Einfällen: Die Gruppenmitglieder sammeln Assoziationen, Empfindungen, Phantasien, die die Situation bei ihnen ausgelöst hat, wobei die Fallgeberin oder der Fallgeber sich in dieser Phase darauf konzentriert, alles aufzunehmen, was den Gruppenmitgliedern eingefallen ist und sich zu den Einfällen nicht äußert.
- Rückmeldung: die Fallgeberin oder der Fallgeber berichtet den Gruppenmitgliedern, welche Assoziationen ihr oder ihm wichtig gewesen sind, wobei sich nur die Fallgeberin oder der Fallgeber äußert und Gruppenmitglieder wichtige Informationen bei sich speichern.
- Sammeln von Lösungsvorschlägen: Die Gruppenmitglieder teilen der Fallgeberin oder dem Fallgeber ihre Lösungsvorschläge mit, wobei sich nur diese äußern dürfen.
- Rückmeldung: die Fallgeberin oder der Fallgeber teilt den Gruppenmitgliedern mit, welche Lösungsvorschläge ihm wichtig gewesen sind und welche er für sich und in der Situation für anwendbar hält, wobei nur die Fallgeberin oder der Fallgeber sich äußern darf.
- Allgemeiner Austausch: Alle Gruppenmitglieder, also auch die Fallgeberin oder der Fallgeber tauschen sich über die angedachten Lösungen und Rückmeldungen aus, sodass Lösungsvorschläge noch einmal verdeutlicht werden können und Gelegenheit gegeben wird, ggf. erste konkrete Lösungsschritte (gemeinsam) zu planen.
- Abschluss: die Moderatorin oder der Moderator und die Gruppenmitglieder teilen eigene Erfahrungen zum Fall mit (Sharing). Dies verdeutlicht der Fallgeberin oder dem Fallgeber, dass er mit seinem Fall nicht allein ist.
- Meta-Runde: Feedback der Gruppenmitglieder.

Rollenspiele (zu Konfliktsituationen)

Rollenspiele werden zur Beeinflussung der Gruppendynamik, zur Verbesserung der Kooperationsfähigkeit, zur Steigerung der Beobachtungsfähigkeit und bei der Analyse der Interaktionen in schwierigen Unterrichtssituationen zur Verbesserung der Handlungsfähigkeit eingesetzt. Rollenspiele ermöglichen es, aus der momentanen Rolle und den daran gebundenen Erwartungen auszusteigen und in der Rolle eines Anderen dessen Verhalten beobachtbar zu machen. Eine solche Situation ist natürlich künstlich und in diesem Sinne auch nicht authentisch, jedoch kann eine solche Situation Impulse geben, die in einem theoretischen Diskurs nicht erfolgt wären.

Rollenspiel bedeutet eine spielerische Auseinandersetzung mit Lebenssituationen, indem die Spielerinnen und Spieler verschiedene Perspektiven einnehmen, die es ihnen ermöglichen, Hintergründe, Motive und alternative Handlungsmöglichkeiten zu erkennen. Sie stellen Qualifikationsanforderungen, wie sie auch diese fördern. Rollenspiele erfordern und fördern:

- *kommunikative Kompetenz*: die Fähigkeit, die eigenen Absichten und Bedürfnisse so zu artikulieren, dass sie von der Interaktionspartnerin, vom Interaktionspartner verstanden werden.
- *Rollendistanz*: die Fähigkeit, von übernommenen Rollen Abstand zu gewinnen und sie bei vergleichbaren Situationen zu hinterfragen und ggf. neu zu bestimmen.
- *Empathie*: die Fähigkeit, sich in die Lage einer Interaktionspartnerin, eines Interaktionspartners zu versetzen und Erwartungen, mögliche Gedanken, Gefühle usw. zu erschließen.
- *Ambiguitätstoleranz*: die Fähigkeit, divergierende Erwartungen zu ertragen und dann Erwartungen in Interaktionen aufzunehmen, wenn die eigenen Bedürfnisse dabei nur in geringem Umfang befriedigt werden (vgl. Brühwiler 1994).

Akteurinnen und Akteure im Rollenspiel sind:

- die Spielerinnen und Spieler, die auf Grund gegebener Informationen eine Situation gestalten;
- die Beobachterinnen und Beobachter;
- die Spielleiterin oder der Spielleiter, der auf einzuhaltende Regeln achtet.

Das Rollenspiel erfordert die Bereitschaft und Fähigkeit zum Rollenwechsel und die Bereitschaft im Mittelpunkt der Beobachtung zu stehen; von der Spielleiterin oder dem Spielleiter ist zu erwarten, dass sie oder er Erfahrung mit Rollenspielen besitzt, für das Rollenspiel motivieren kann, selbst in der Beobachtung geschult ist, dadurch wesentliche Aspekte erfasst und gegensteuert, wenn das Spiel *abdriftet*.

Rollenspielphasen:

- Die *Aufwärmphase* dient der Lockerung, Entspannung und der Einstimmung auf das Spiel (z.B. Paarbildung und Spiel „Blinde führen“: Teilnehmerinnen und Teilnehmer verteilen sich im Raum, laufen im Raum herum, begrüßen sich herzlich, normal, nervös, geschäftsmäßig kühl, die letzte Begrüßung führt zur Paarbildung, eine Partnerin oder ein Partner ist blind, der andere dirigiert diesen durch Klopfen auf die Schultern).
- In der *Spielvorbereitung* wird der Szenenaufbau und der Spielinhalt (wer, warum, wo und wie?) geklärt, Rollen verteilt und eingeübt, sowie die Beobachterinnen und Beobachter auf die jeweils relevanten Beobachtungskriterien hingewiesen.
- Die *Spielphase* folgt, die auf höchstens zehn bis fünfzehn Minuten beschränkt ist (Eine längere Spielzeit fördert die Spielunlust der Mitspielerinnen und Mitspieler und überfordert die Beobachtungsfähigkeit).

- Die *Entlassungsphase* führt die Spielerinnen und Spieler zurück aus ihren Rollen um eine reflektierte Metaebene einnehmen zu können, weil nur durch Distanz das Spiel analysiert werden kann. Wichtig ist die Trennung von Rolle und Person, damit die im Rollenspiel auftretenden Konflikte nicht in die Alltagswirklichkeit übertragen werden.
- In der *Nachbereitungsphase* werden die Spielerinnen und Spieler zu ihren unmittelbaren Spieleindrücken und die Beobachterinnen und Beobachter befragt; es erfolgt eine Diskussion über Spielverlauf (insbesondere die Fallgeberin oder der Fallgeber muss sich über die Realitätsnähe des Spieles äußern, was für die folgenden Ausführungen besonders bedeutsam ist) und Übertragung von Schlussfolgerungen auf die Lebenswirklichkeit; evtl. folgt ein erneutes, anderes Spielen der Situation.

In *Rollenspielen zu Konfliktsituationen*, orientiert am Münchener Trainingsmodell (vgl. Innerhofer 1977), kann und soll fallbezogen ein Brückenschlag zwischen beruflichen Erfahrungen und Fähigkeiten auf der einen Seite und Emotionen auf der anderen Seite hergestellt werden. Das Spiel bietet die Gelegenheit, sich mit der Realität in Konfliktsituationen auseinanderzusetzen und sie zu reflektieren. Im Spiel einer realen Konfliktsituation erhält die Lehrkraft von den Beobachterinnen und Beobachtern Rückmeldungen zu in den Interaktionen beobachtbar werdenden Emotionen und Rückmeldungen zu Interaktionsabläufen. Sie beziehen sich auf Sprache; auf paralinguistische Phänomene, wie Tonfall, Schnelligkeit und Langsamkeit der Sprache, Pausen, Seufzen, Körperhaltung, in der sich z. B. Nähe und Distanz zeigen. Sie vermitteln Einsichten in persönliche Verhaltensweisen als Anlass, Veränderungen im Lehrerhandeln zu überdenken bzw. zu erproben. So bietet diese Methode der fallgebenden Lehrkraft die Möglichkeit, in erneuten Rollenspielen Lösungsvorschläge darauf hin zu prüfen, ob sie in das eigene Handlungsrepertoire aufgenommen werden können, um künftig ähnlich gelagerte Konfliktsituationen zu vermeiden und/oder konstruktiv zu verändern.

Rollenspiele zu Konfliktsituationen setzen die Bereitschaft voraus, im Mittelpunkt der Beobachtung zu stehen, was dadurch erschwert wird, dass sich die Beobachtungen auf konfliktbehaftete Situationen beziehen. Persönliche Erlebnisse, Ängste, Befürchtungen können Abwehrhaltungen auslösen, die sich in Einwendungen gegen die Methode ausdrücken. Sie zu entkräften ist die Aufgabe der Fortbildenden, die auf Freiwilligkeit zur Teilnahme und vor allem auf das in Rollenspielen enthaltene Kreativitätsfördernde, Fantasieanregende, Aktivitätssteigernde, sowie darauf hinweisen, dass die Realität in Rollenspielen ohne reale Konsequenzen und Nachteile bestimmt ist. Zudem werden Rollenspiele erst dann eingesetzt, wenn Vertrautheit zwischen den Teilnehmerinnen und Teilnehmern hergestellt ist, eigens abgesichert in Interaktions- und Vertrauensspielen, die Rollenspielen vorausgehen, wobei im Fortbildungsverlauf entschieden wird, ob bereits genügend Absicherung erfolgt ist.

Methoden zur Steigerung der Selbstwirksamkeit

Fallbezogene Reflexionen offenbaren Lehrkräften Steuerungsnotwendigkeiten bei Unterrichtsstörungen. Das Zurückverfolgen der Konfliktsituation auf die auslösenden Faktoren lässt häufig erkennen, dass Regelverstöße nicht oder nicht genügend wahrgenommen wurden und dies zu Eskalationen führte, die mit verändertem Lehrerverhalten hätten vermieden werden können. Kollegiale Beratung und Rollenspiele zu Konfliktsituationen sollten deshalb über die Analyse hinaus mit Übungen ergänzt werden, in denen Lehrkräfte die Wirkung v. a. veränderter Sprache und verändertem Auftreten erleben.

Die nicht-eskalierende Beharrlichkeit (n-e B)

Die Methode ist in Konfliktsituationen anwendbar, wenn präventive Maßnahmen sie nicht verhindert haben, der Versuch einer kooperativen Konfliktlösung gescheitert ist und offene Konfrontation droht. In der Fortbildung werden Elemente der nicht-eskalierenden Beharrlichkeit (vgl. Rhode, Meis & Bongartz 2003, S. 146 ff) in Rollenspielen trainiert. Wesentlich dabei ist, dass n-e B eine Körper-Strategie darstellt, die sich für Konfliktsituationen eignet, in denen bereits *alles gesagt* ist. Wenn von der Lehrkraft alles gesagt ist, dann soll sie sich darauf beschränken, eigene Bedürfnisse und Wunschäußerungen zu wiederholen. Es soll gelten: Nicht auf Diskussionen einsteigen, auf Argumente, Erklärungen, Belehrungen verzichten, nicht durch Fragen oder Provokationen auf Nebengleise führen lassen, auf dem eigenen Standpunkt beharren.

Kern der Strategie ist die Körpersprache und der auch dadurch ausgedrückte Status der sie anwendenden Person, was sich darin zeigt: in unverändertem Status: nicht lauter, drohender, verletzender (das meint *nicht eskalierend),* im Einhalten des persönlichen Mindestabstandes, in selbstbewusstem, selbst-gewissem und zugleich wertschätzendem Auftreten, und darin, gelassene Präsenz zu zeigen (Lehrkraft über*lässt* die Angriffe dem Gegenüber).

Aus den sprachlichen Äußerungen der Lehrkraft muss fürs Gegenüber klarwerden: Sie beharrt darauf, dass ihre Wünsche erfüllt werden. Deshalb, gleichbleibend fester und bestimmter Ton, nicht mehr freundlich, aber kraftvoll ohne zu eskalieren. Dahinter steht die Überzeugung, dass je respektvoller und druckloser die Strategie angewendet wird, desto größer die Chance ist, dass sich der Konfliktpartner gemäß den eigenen Wünschen verhalten wird.

Modell der kontrolliert eskalierenden Beharrlichkeit (KEB-Modell)

Im Unterricht auftretende Regelverstöße (Verstöße gegen Regeln, die verbindlich eingeführt sind), erfordern eine Strategie, für die Rudi Rohde und Mona Meis das Modell der „kontrolliert eskalierenden Beharrlichkeit“ entwickelt haben (vgl. Rhode/Meis 2007). Es wird in den Fortbildungen ebenso trainiert, wie das n-e-B-Modell, da es als starke Methode relativ leicht einsetzbar ist, weil die Autorin und der Autor ein gut übertragbares Trainingsprogramm anbieten und vor allem, weil es auf Annahmen fußt, die mit dem in den Fortbildungen thematisierten Erziehungskonzept übereinstimmen:

- Die wertschätzende innere Haltung der Lehrkraft den Schülerinnen und Schülern gegenüber einerseits, das konsequente Einschreiten der Lehrkraft in grenzverletzenden Situationen andererseits, um Eskalationen zu vermeiden und persönliche Autorität zu gewinnen (mentaler Aspekt).
- Regelverstöße nicht mit überzeugenden Argumenten oder gar mit Machtworten (sie demütigen), sondern mit überzeugendem Auftreten beantworten. Der Anspruch auf Einhalten der Regel muss nicht argumentiert werden, vielmehr wird mit „*Schallplatte mit Sprung*" das variationsreiche Wiederholen des Anspruchs ausgedrückt (verbaler Aspekt).
- In der Konfliktsituation wirken Standfestigkeit und Selbstsicherheit, aggressivem Verhalten gegenüber, deeskalierend; z.B. Blickverhalten, das äußerlich zeigt, dass die Lehrkraft innerlich sicher ist; Raumverhalten, das in der räumlichen Entfernung die Interaktionspartnerin oder der Interaktionspartner den Grad an Verbindlichkeit und Eindrücklichkeit signalisiert d.h. näher hingehen, dabei aber Mindestabstand von einem Meter einhalten (körpersprachlicher Aspekt).

Das Modell verfolgt die Strategie der eskalierenden Beharrlichkeit bei Konfliktsituationen in drei Phasen, die in Übungen erprobt werden:

- Phase der freundlichen Bestimmtheit:

freundlich bestimmtes Auftreten, Herantreten an die Konfliktpartnerin oder den Konfliktpartner, wobei der Mindestabstand beachtet werden muss, Blickkontakt aufnehmen, Anliegen konsequent und freundlich ansprechen, ohne Diskussionen, ohne Argumentation

- Phase der energischen Bestimmtheit:

mit klaren Sätzen im Präsens auffordern, gemäß der Regel zu handeln; keine Befehle, sondern Tonfall und Auftreten verschärfen, emotional distanziert bleiben; den doppelten Regelverstoß verbalisieren (Unterricht gestört und meine Aufforderung nicht befolgt), eine verbindliche Zusage (verbindliches „JA") für regelkonformes Verhalten einfordern, wenn die Konfliktpartnerin oder der Konfliktpartner einlenkt

- Phase der Konsequenzebene:

insbesondere bei wiederholtem Regelverstoß: im Vorfeld wirksame und schülerbezogen verantwortbare Konsequenzen überlegen; diese nicht durch Diskussion oder Argumentation verwässern, weil das die persönliche Autorität untergräbt; die eigene Klarheit über die Konsequenzen ermöglicht ein klares Auftreten nach Regelverstößen; der regelverletzenden Person einen Ausstieg aus ihrem Ausstieg ermöglichen. Sollte der Schüler erst in dieser Phase einlenken wollen – konsequent agieren: „Zu spät – du musst jetzt die Konsequenzen tragen; du bist verantwortlich für dich und für das, was du tust…“. Dann der Konfliktpartnerin, dem Konfliktpartner den Zeitpunkt benennen, zu dem ihm die Konsequenz mitgeteilt wird (also nicht sofort, das aber keinesfalls vergessen.)

Nach dieser Situation muss mit zeitlichem Abstand ein Konflikt-Nachbearbeitungs-Gespräch geführt werden, das folgerichtig in der Fortbildung besprochen und trainiert wird. Ein solches Gespräch ist auch bei Konflikten erforderlich, in denen nach n-e B gearbeitet wird.

Das Konflikt-Nachbearbeitungs-Gespräch

Einige grundlegende Annahmen:

- es erfordert Ruhe, Zeit und einen störungsfreien Rahmen
- die Lehrkraft muss vorab Überlegungen zum eigenen Ziel, zum Aufbau des Gespräches, zum Zündstoff (Etikettierung/Schuldzuweisung) und darüber anstellen, worin Gemeinsamkeiten bestehen könnten, die evtl. für Lösungen taugen

Das 5-Phasen-Modell des Konflikt-Nachbearbeitungs-Gespräch:

Einführung:

- Lehrkraft legt die persönlichen Beweggründe vor, warum sie das Gespräch führen möchte
- wenn möglich bereits an dieser Stelle: Herstellen einer gemeinsamen Basis über mögliche gemeinsame Interessen.

Authentisches Zuhören:

- Um Interessen, Beweggründe des Gegenübers zu erfahren; indem man sich innerlich „neben“ der Gesprächspartnerin, den Gesprächspartner setzt.
- Zuhören, um die mögliche Ursache und den Grund des Konflikts – und nicht nur den Anlass – zu erfahren.
- Immer wieder: Akzeptanz und Verständnis zeigen, auf Schuldzuweisungen verzichten.

Neudefinition des Konflikts:

- Die Lehrkraft prüft, ob sich ihre Interessen und Ziele verändert haben, ob der Konflikt einen neuen Bezugsrahmen erhalten hat und ob sich ihre Emotionen, Bedürfnisse und Wünsche verändert haben.

- Wichtige Voraussetzung für die Neudefinition ist, dass Emotionales im Sachlichen wahrgenommen wird und das im nächsten Schritt mitgeteilt werden kann.

Authentisches Senden

- der eigenen Emotionen, Bedürfnisse und Wünsche: Beschreiben der Sachverhalte, Nennen eigener Bedürfnisse, eventueller Fehler und Sorgen und Wünsche an die Konfliktpartnerin oder den Konfliktpartner.

Lösungen erarbeiten:

- Suche nach einvernehmlichen und tragfähigen Lösungen, indem die Partnerin oder der Partner auch nach Lösungsvorschlägen gefragt wird und auch, indem eigene Vorschläge gemacht werden.
- Wenn Konsens hergestellt ist, erneutes Thematisieren des „Zündstoffs" und falls noch notwendig, auch hier Einigung erzielen. Abschließende Rückversicherung, ob die Konfliktpartnerin, der Konfliktpartner mit der gefundenen Lösung einverstanden ist.

Methoden zur Erfolgskontrolle

Mit dieser Zielrichtung werden Visualisierungen von Arbeitsergebnissen, Gliederungen, Problemdarstellungen oder Zuordnungen in Plakaten als ein didaktisch äußerst flexibles Medium in allen Phasen der Fortbildung eingesetzt. Sie geben, da während der gesamten Fortbildung vor den Augen der Teilnehmerinnen und Teilnehmer Auskunft darüber, was „noch zu tun ist" aber auch, was bereits erreicht worden ist. Die Plakate werden fotografiert und den Teilnehmerinnen und Teilnehmern als Skript ausgehändigt.

Die Konzeption der Fortbildung erlaubt und fordert mehrfache Erfolgskontrolle:

- Am Ende des ersten Fortbildungstages soll sie durch das Stimmungsbarometer erfolgen. Die Fortbildenden werten die Angaben hinsichtlich Gestaltung des folgenden Tages aus.
- Am Ende des Fortbildungsblockes soll das Lehrerportfolio mit der Formulierung von Zielen ergänzt werden, die sich die Lehrkräfte für die Zeit bis zum dritten Fortbildungstages stellen.
- Zu Beginn des dritten Fortbildungstages sollen die Teilnehmerinnen und Teilnehmer über die Erfahrungen berichten, die sie mit ihren Vorhaben gesammelt haben, woraus möglicherweise weiterer Unterstützungsbedarf abgeleitet wird, der diesen Tag strukturiert.

7.5 Bausteine der Fortbildung

Der Beschreibung ist eine Übersicht der Bausteine vorangestellt.

	Bausteine	Inhalte
1.Tag	Baustein 1: Ankommen und mehr	Kennenlernen Info-Input zu Organisation und Struktur Erwartungen / Befürchtungen Mein Problemschüler, meine Problemschülerin
	Baustein 2: Ressourcen-Check/Wertvorstellungen	Biographie-Bezug (Ich als Schüler, meine Berufswahl …) Erziehungsverständnis Verhaltensauffälligkeiten Risiko- und Resilienzfaktoren (Jenga-Turm)
	Baustein 3: Prävention	Auftrag der Rummelsberger Schulen Blickwinkelveränderung Kollegiale Fallberatung
2.Tag	Baustein 4: Interventionen	Personenbezogene Veränderungsmöglichkeiten der Lehrkräfte Konfliktgespräche mit Schülerinnen und Schülern Konflikt-Nachbearbeitungs-Gespräch
	Baustein 5: Zielvereinbarungen	Teil 1 Vorhaben auswählen
3.Tag	Baustein 5: Zielvereinbarungen	Teil 2: Erfolgsbestätigung
	Baustein 6: Mein Kollegium und ich	Die ideale Schule Niederlagenfreies Fehlermanagement Konflikt-Nachbearbeitungs-Gespräch unter Lehrerinnen und Lehrern

Tabelle 2: Bausteinübersicht

Baustein 1: Ankommen und mehr

Essential

In der Anfangssituation muss auf zwei für die Teilnehmerinnen und Teilnehmer belastende Faktoren eingegangen werden. Zum einen müssen die Fortbildenden zumindest erwähnen, dass es ihnen bewusst ist, dass eine Pflichtveranstaltung im schulischen Fortbildungswesen unüblich ist. (In den folgenden Fortbildungsteilen werden – gleichsam als Prinzip – immer wieder auf deren Vorteile verwiesen.

Zudem ist die jeweilige Fortbildungsgruppe als durchaus heterogen zu bezeichnen (Lehrkräfte aus verschiedenen Rummelsberger Förderschulen/Lehrkräfte mit unterschiedlichen Berufsausbildungen/Lehrkräfte, die sich z. T. sehr gut kennen, was möglicherweise zu störenden Kleingruppenbildungen führen könnte).

Auch wenn bewusst ist, dass die Problematiken erst im Verlauf der Fortbildung bearbeitet bzw. gelöst werden können, ist das in der Eingangsphase hergestellte Wohlbefinden der Teilnehmerinnen und Teilnehmer Voraussetzung für ihre Motivation und Öffnung für (kooperative) Lernprozesse.

Ziele

Kennenlernen, Info über zeitliche und inhaltliche Struktur sowie die teilnehmerorientierte Gestaltung der Fortbildungen; Erwartungen der Teilnehmenden; Vielfalt als Chance (Berufsgruppen-, Schulzugehörigkeit) wahrnehmen; aber auch Break: Blick weg von den eigenen (auch aktuellen) Belastungen – hin zum zentralen Fortbildungsgegenstand *„mein Problemschüler oder meine Problemschülerin"*

Methoden

Vorstellungsrunde; Kartenabfrage; Info-Input; Malen der Problemschülerin oder des Problemschülers

In der *Vorstellungsrunde* initiieren die Fortbildenden das persönliche Kennenlernen der Teilnehmenden: Selbstauskünfte über Persönliches; Berufliches; über die eigene Befindlichkeit, zu einer Fortbildung abgeordnet worden zu sein.

Die Fortbildenden informieren über Organisatorisches und Struktur der Veranstaltung:

- Auf einem Plakat wird die zeitliche Struktur des Fortbildungstages und in einem weiteren das 3-Tages-Programm vorgestellt, das zunächst leere Kästen enthält, die später im Verlauf der Fortbildungen gefüllt werden.
- Die Fortbildenden erläutern die Methode Blitzlicht und begründen, dass sie nach jeder Fortbildungseinheit eingesetzt wird, um die teilnehmer- und bedarfsorientierte Fortbildungsgestaltung sicher zu stellen.

- Die Fortbildenden weisen auf die Einhaltung der Pausenzeiten hin, für die alle Teilnehmenden mit- und selbst verantwortlich sind.

Die Vertreterin oder der Vertreter des Schulträgers thematisiert die von den Schulleitungen an ihn heran getragenen Wünsche hinsichtlich des Fortbildungsschwerpunkts, der verpflichtenden Teilnahme aller Kolleginnen und Kollegen und hinsichtlich des dreitägigen Ablaufplanes.

Es folgt die Kartenabfrage zur Thematik *meine Erwartungen an die Fortbildung*, womit dem Erfordernis entsprochen wird, den persönlichen Bezug als Voraussetzung für selbstreferentielle Lernprozesse herzustellen.

Die Kartenabfrage erfolgt in folgenden Schritten:

- Die Teilnehmerinnen und Teilnehmer erhalten drei Karten und schreiben darauf je eine Erwartung, die ihnen als besonders wichtig erscheint.
- Sie befestigen die Karten auf der linken Seite eines mit einer Trennlinie versehenen Plakats. Es erfolgt keine Diskussion bzw. kein Clustern.
- Die Fortbildenden versehen die Plakathälften mit Überschriften: linke Seite: *„das wünsche ich mir“*; rechte Seite: *„das ist erfolgt“*. Danach wird die Handlungsanweisung gegeben, die Karten im Fortbildungsverlauf selbstverantwortlich *umzuhängen*, wenn Erwartungen erfüllt worden sind.

Den Abschluss dieses Bausteins bildet die Phase: *Meine Problemschülerin und meine Problemschüler*. Hierzu werden die Lehrkräfte aufgefordert, ein Bild ihrer Problemschülerin oder ihres Problemschülers zu malen und abschließend drei Eigenschaften/Verhaltensbeschreibungen in Wortkarten anzufügen. Die Methode wird eingesetzt, weil sich im bildnerischen Gestalten Anhaltspunkte für Interpretationen und für Gespräche mit den Teilnehmenden ergeben können.

In Partnerarbeit erfolgt die Interpretation des Dargestellten, wobei die Lehrkräfte zunächst Wahrgenommenes aus dem Gemalten rückmelden. Gleichgültig, ob dies zu Bestätigungen führt oder nicht, werden dadurch Emotionen artikuliert und nacherlebt. Im Bild ist der Blick auf Störungen durch auffälliges Schülerverhalten gerichtet. Im Gespräch kann ein erster Zugang dazu erfolgen, dass Emotionen den Blick auf im Schüler liegende Ressourcen bzw. auf Einschränkungen durch eigene Sozialisation bzw. berufsbezogene Wertvorstellungen verstellen – hierzu leiten die Fortbildenden an.

Im Plenum wird Ähnliches in den Verhaltensbeschreibungen in einem Raster zusammengefasst, das ausagierendes, aggressives, aufmerksamkeitsschwaches, ängstliches Verhalten untergliedert. Die Lehrkräfte bewerten und gewichten mit drei „Punkten“ die Aufforderung: „Damit möchte ich mich auseinandersetzen“.

In der sich anschließenden Gruppenarbeit ordnen sich die Lehrkräfte den „Störungsbildern“ zu (im Sinne von „Was ist für mich am Schlimmsten?“) und artikulieren ihre Beweggründe. Im Folgenden leitet die Gruppenarbeit:

- Ursachen für Auffälligkeiten bei der Schülerin oder beim Schüler, warum zeigt sie oder er dieses Verhalten, was will sie oder er damit erreichen? Wozu?
- Was braucht sie oder er?
- Worauf könnte ich im Unterricht eingehen, was könnte ich verändern?

Besonderheiten für den dritten Fortbildungstag

Der dritte Fortbildungstag stellt eine erneute Einstiegsphase dar, geprägt von Erwartungen und möglicherweise Befürchtungen. Mit der Methode *Kugellager* thematisieren die Lehrkräfte ihre emotionale Befindlichkeit, indem sie u. a. zu folgenden Fragen berichten:

- Wie war mein erster Schultag nach der Fortbildung?
- Was ist mir gestern durch den Kopf gegangen, als ich an die heutige Fortbildung gedacht habe?
- Worauf habe ich mich heute bei der Fahrt zur Fortbildung gefreut?

Die Teilnehmerinnen und Teilnehmer bilden zwei Kreise, einen Innenkreis und einen Außenkreis, die sich nach Aufforderung drehen, um stets wechselnden Gesprächspartnerinnen und Gesprächspartnern zu begegnen.

Mit der Methode *Redekette* lenken die Fortbildenden den Blick auf Inhaltliches. Die Lehrkräfte hatten sich am Ende des zweiten Fortbildungstages Ziele gesetzt, mit denen sie ihre Praxis beobachten bzw. verändern wollten. Nunmehr werden sie von den Fortbildenden aufgefordert mit dem allgemein gestellten Auftrag, über Ziele, Zielerfüllung bzw. Hinderungen zu berichten. Ein Fortbildender reicht einer Teilnehmerin oder einem Teilnehmer einen Tennisball, der nach Ende des Berichts an Nebensitzende weitergereicht wird, bis alle Gruppenmitglieder ihren Bericht abgegeben haben. Der andere Fortbildende fasst stichpunktartig an der Flipchart zusammen, wodurch – bezogen auf artikulierte Misserfolge – ein Aufgabenspektrum für die aktuelle Veranstaltung entsteht. Die Teilnehmenden können Ergänzungen anbringen, ggf. durch Punkten Schwerpunkte herausstellen, die die Fortbildenden im Tagesplan aufnehmen.

Baustein 2: Ressourcen-Check/Wertvorstellungen

Essential

In den Fortbildungen angestrebte Änderungen im Denken und Handeln herbeizuführen, verlangt danach, dass Lehrkräfte eigene Stärken und Schwächen wahrnehmen und persönlich, situativ Veränderbares erkennen, als Voraussetzung für selbstreferentielle Lernprozesse.

Ziele

Bewusstmachen der eigenen Ressourcen und Grenzen; Rückbesinnen auf Wertvorstellungen in der Erziehung trotz Belastungen durch Verhaltensauffälligkeiten; Wiedergewinnen von Aktivität in schwierigen Situationen

Methoden

Kugellager; Lehrerportfolio; Theorie-Input; Jenga-Turm

Bewusstmachen der *Ressourcen* beginnt mit einem Blick in die eigene *Biographie*. Die Lehrkräfte reflektieren ihre eigenen Erfahrungen mit Schule und Lernen, die sie selbst als Kind gemacht haben. Mit der Methode *Kugellager* entwickeln sich Gespräche zu den Fragen:

- Wie habe ich die eigene Schulzeit erlebt?
- Was ist mir in der Schule leichtgefallen?
- An welche negativen Lernerfahrungen/Blockaden erinnere ich mich?
- Mit welchen Schülern wollten ich nichts zu tun haben?
- Was war in meiner Schulzeit für mich eine gute/eine schlechte Lehrkraft?

Die Übung wird mit einem Blitzlicht abgeschlossen, in dem sich die Lehrkräfte zur eingesetzten Methode äußern und sie auf die Übertragung im Unterricht reflektieren.

Ressourcen in der eigenen Unterrichtsarbeit führen – ausgelöst durch Leitfragen – zu Eintragungen im eigenen *Lehrerportfolio*. Die Lehrkräfte beantworten für sich die Fragen:

- Warum arbeite ich an einer evangelischen Schule?
- Was gelingt mir im Unterricht gut?
- Was macht mir im Unterricht Spaß?
- Was kann und soll in meiner Arbeit so bleiben, wie es ist?
- Welche Inseln habe ich, um im Unterricht entspannt und gelassen zu agieren?

- Wie entspanne ich mich?
- Wo und wie sorge ich für mich?
- Wo kann ich Abstriche machen, wenn mich die Arbeit zu überfordern droht?

Mit diesen Eintragungen begeben sich die Lehrkräfte in Partnerarbeit, die der Suche nach Inseln, also der Suche von Ruhe- und Entspannungszonen dient, die im Schultag bzw. in einer Schulwoche als solche wahrgenommen werden könnten und – um Vergessen zu verhindern – explizit in der Unterrichtsvorbereitung gekennzeichnet werden sollten. Das Lehrerportfolio wird diesbezüglich ergänzt.

Die Teilnehmerinnen und Teilnehmer werden aufgefordert, in einer persönlichen Landkarte ihre *Wertvorstellungen im Erziehungsgeschehen* zu dokumentieren, diese der Landkarte zuordnen, und anschließend zu formulieren was sie verantwortlich dafür machen, dass sie ihre Werte, Ziele, Visionen und Ideale, die ihre Entscheidung, Lehrerin oder Lehrer zu werden, möglicherweise *vergessen* haben. Dies erfolgt mit dem Ziel, erkennen zu können, dass im Verlauf der Berufstätigkeit, möglicherweise auch wegen fehlender Unterstützungen, persönlicher Überforderungen und schichtspezifisch bedingter unterschiedlicher Wertvorstellungen oder Bildungsnähe bzw. -ferne der Herkunft Bedingungen dieses *Vergessens* sind.

Ursache, dafür, eigene Wertvorstellungen im Tagesgeschäft aus dem Blick verloren zu haben, ist aber auch, dass Bedürfnisse der Schülerinnen und Schüler nicht genügend wahrgenommen werden und auffälliges Verhalten häufig als Angriff auf die eigene Person gewertet wird. Dazu erfolgt ein *Theorie-Input* durch die Fortbildner:

- Den Kontext ergründen, in dem sich auffälliges Verhalten zeigt,
- Erziehungserfolg in den Beziehungskontext stellen,
- eigene Wertvorstellungen in der Beziehung modifizieren, d.h. Erwartungen und Forderungen vor dem Hintergrund des Erlebens und der Belastung des Schülers spezifizieren,
- Erfolge bestätigen, aber auch konsequent auf das Einhalten des für den Schüler Festgelegten achten,
- Misserfolge als in der Pädagogik zu Erwartendes respektieren, aber auf Ursachen hin reflektieren,
- durch Konsequenzen und Ursachenforschung (wieder) die Rolle des Agierenden/Akteurs (zurück) zu gewinnen (der Lehrkraft könnte verborgen geblieben sein, dass sie mehr reagiert als agiert),
- Ruhe und Gelassenheit durch konsequentes Lehrerverhalten gewinnen.

Baustein 3: Theorie für die Praxis – Prävention

Essential

Der Erziehungsauftrag – eingedenk des Bezuges der Rummelsberger Förderschulen auf das christliche Menschenbild – bietet Anlass, schwierige Situationen unter einem veränderten Blick zu sehen. Einerseits ist es schwierig aufgrund Routinen und subjektiven Theorien Veränderungsbereitschaft zu wecken. Andererseits bietet diese Fortbildung die Möglichkeit, personenbezogene Unterstützungen zu erproben.

Ziele

vom „Auftrag der Schule“ her schwierige Situationen analysieren;
Signale erkennen, die in der Person des Schülers/der Schülerin liegen bzw. vom Unterrichtgeschehen her bedingt sein können (Risikofaktoren);
Präventionsmaßnahmen, die Erziehungs- und Unterrichtsplanung betreffen, ableiten;
Schulinterne Lehrerfortbildung beeinflussen und Netzwerke/Beratungsdienste nutzen (Resilienzfaktoren)

Methoden

Impuls-Referate;
Jenga-Turm als hilfreiche Metapher;
Übung Blickwinkelveränderung;
Kollegiale Fallberatung

Zentrales Ziel der Fortbildung ist, die Lehrkräfte für die Bewältigung schwieriger Situationen im Unterricht zu stärken, den Blick zu wenden von dem, was nicht gelingt, und den Blick zu richten auf das, was die einzelne Lehrkraft verändern kann, um letztlich erziehungswirksam zu handeln. Als Einstieg bietet es sich an, am „Bild“ des Jenga-Turms als pädagogische Metapher auf der einen Seite Schwierigkeiten und Belastungen der Kinder und Jugendlichen als Ursache für Störverhalten „zu erinnern“. Auf der anderen Seite bietet der Jenga-Turm ein sehr einprägsames Instrument, schulische Stützfunktionen zu erkennen und diejenigen dann einzusetzen (hier einzuschieben), die für den Schüler oder die Schülerin möglicherweise Resilienzqualität haben und die für die Lehrkraft damit ein Mittel darstellen könnten, Störungen im Unterricht zumindest zu mindern.

Der Jenga-Turm, gebildet aus rechtwinklig versetzten Quaderebenen, erscheint zunächst als ein in sich stabiles Gebilde. Zunehmend leidet jedoch seine

Stabilität, wenn mit Risikofaktoren beschriftete Quadersteine herausgenommen werden. Stabilisierung erfährt der Turm dann wieder, wenn die „Lücken" wieder ausgefüllt werden – mit Steinen, die mit förderlichen (schulischen) Situationen und Resilienzfaktoren beschriftet sind.

In der sich anschließenden Gesprächsrunde kann verdeutlicht werden, dass viel Belastendes für die Schülerinnen und Schüler Bestand hat und haben wird, dass sich die Lehrkraft aber auch Gedanken machen kann, wie sie positive Entwicklungen fördern und stabilisieren, wie sie mit Mitteln ihres Unterrichts Bindungen aufbauen und wie sie Benachteiligungen ausgleichen könnte.

Vertieft werden können – soweit es aus Sicht der Fortbildenden geboten erscheint oder aus dem Teilnehmerkreis der Wunsch dafür geäußert wird (Wunschkarte zu Beginn) – mit kurzen Impulsreferaten über Verhaltensauffälligkeiten, Ursachen, Ausprägungsformen und Abgrenzungen fokussiert auf Risikofaktoren, Wirkungen der Persistenz von Fehlentwicklungen und Interaktionsabläufen, der Kontext, in dem auffälliges Schülerverhalten zu sehen ist zu informieren. Dabei wird die Beobachtung als wichtiges diagnostisches Mittel herausgestellt, aus der sich Signale auffälligen Verhaltens im Kontextbezug erschließen lassen. Sie verweisen auf notwendig zu gestaltende Präventionsmaßnahmen, die zunächst aber noch nicht dargestellt werden.

In Rollenspielen der Fortbildenden werden Unterrichtsstörungen dargestellt die u.a. ausgelöst werden von Steuerungsmängeln der Lehrerin oder des Lehrers, durch Überforderungen und unpassende Hilfen oder Strukturierungsmängeln im Unterricht. In Kleingruppen entwerfen die Lehrkräfte dann alternative Handlungsmöglichkeiten. Die Gruppenarbeit wird im Plenum mit einer *Übersicht über präventive und intervenierende* Maßnahmen abgeschlossen, die auf Plakaten mit dem Ziel der Übernahme im Lehrerportfolio fixiert werden. Zusammenfassend festgehalten werden dabei beispielsweise

- proaktive Kriterien (Vorbereitung und Organisation des Klassenraums),
- Strukturierung konfliktträchtiger Situationen (Beginn des Unterrichtstages, Stundenwechsel, Wechsel der Lernsituationen, Pausensituationen),
- Regeln und Rituale, Konsequenzen (Unterbindung unangemessenen Schülerverhaltens),
- Schaffung eines positiven Klassenklimas,
- allgegenwärtige Übersicht und Aufsicht über Interaktionen im Klassenraum,
- *gute* Vorbereitung des Unterrichts,
- Beteiligung von Schülerinnen und Schülern bei der Erstellung von Regeln,
- förderliche Elternarbeit.

Die Sicht auf präventive Maßnahmen wird mit der Übung *Blickwinkeländerung* verfolgt (vgl. S. 78). In dem dargestellten Verfahren sollen, ausgehend von der detaillierten Beschreibung einer schwierigen Situation einer Schülerin oder eines Schülers über darin enthaltene (zunächst nicht gesehene) positive Ansätze, konstruktive Strategien für Unterricht und Erziehung abgeleitet werden.

Die Lehrkräfte erhalten ein in drei Teile gegliedertes Arbeitsblatt. Nachdem sie sich in eine unterrichtliche Problemsituation vertieft haben, sollen sie in der ersten Spalte Items auflisten, die diese beschreiben. In der zweiten Spalte versuchen sie dann, den Items in Spalte 1 die verborgen gebliebene Schülersicht in den Fokus nehmende Angaben („was trotzdem gut ist") zuzuordnen. In der dritten Spalte leiten sie daraufhin eine für Unterricht und Erziehung zu realisierende Strategie ab, die alternative, konstruktive Handlungsmöglichkeiten eröffnet.

Der Einzelarbeit folgt eine Partnerarbeit, in der – auch vor dem Hintergrund des in diesem Baustein Besprochenen – Items zu beobachtbaren Verhaltensweisen und zu veränderten Sichtweisen des Problemverhaltens durch Nachfragen der Gesprächspartnerin oder des Gesprächspartners ergänzt werden können. Abgeschlossen wird die Übung in dem im Plenum erfolgenden Rundgespräch. Hier geben die Fortgebildeten Rückmeldungen zum Verfahren und zur Anwendbarkeit in Bezug auf die Selbstreflexion von Erziehung und Unterricht.

Die Fortbildenden heben die mit der Methode angestrebte Blickwinkelveränderung hervor und stellen entsprechend des Ansatzes von Molnar und Lindquist (vgl. Molnar/Lindquist 1990) Formen und Wirkungen der dort enthaltenen Strategien dar, die den Fokus auf präventive Maßnahmen legen.

Gleichsam als Überleitung von Prävention hin zur Intervention, in der Theoretisches als Hintergrundwissen Eingang findet, ist die *kollegiale Fallberatung* (vgl. S. 79) zu verstehen, die in zwei Fortbildungsgruppen durchgeführt wird. Kollegiale Fallberatung hat seit vielen Jahren Eingang in das schulische Fortbildungsangebot gefunden. In das Konzept *Starke Lehrkräfte – Starkes Team* wird sie aufgenommen

- wegen der Teilnahmeverpflichtung. Schulleitungen können künftig davon ausgehen, dass alle Lehrkräfte nunmehr Erfahrungen mit der Methode haben und diese damit im Rahmen von Schulentwicklung, als Basis für die Entwicklung eines einheitlichen Erziehungskonzeptes dienen kann.
- wegen der sehr unterschiedlichen Ausbildungen und Einsatzbereiche der Fortbildungsteilnehmenden (auch für mit der Methode Vertraute ist es – wieder – interessant und wichtig, andere Sichtweisen als Perspektiverweiterung wahrnehmen zu können). Teilnehmende mit Erfahrungen in der Kollegialen Fallberatung sind allein schon deshalb sehr hilfreich, wenn sie darauf hinwirken, dass Struktur- und Regelwerk eingehalten werden.

Im Rahmen der Kollegialen Fallberatung bieten sich – unter dem Aspekt Lösungsvorschläge – Gelegenheiten an, durch Rollenspiele die Tauglichkeit des Vorgeschlagenen zu prüfen. Tauglichkeit meint: Es muss das Vorgeschlagene zum Situationskontext aber vor allem auch zur Person, zu ihren Handlungsmöglichkeiten passen; andernfalls würde es unter Tipps und Tricks abzuhandeln sein, was der Fortbildungsintention massiv widersprechen würde.

Im idealtypischen Fortbildungsverlauf endet der erste Fortbildungstag mit der kollegialen Fallberatung.

Abgeschlossen wird dieser Tag mit einem *Stimmungsbarometer* (die Lehrkräfte stellen sich auf einer gedachten Linie mit den Polen: „sehr gut“, „sehr schlecht“ auf die für sie zutreffende Position) und einem *Blitzlicht* („Was ich noch sagen möchte“) und melden damit rück, wie fruchtbar sie diesen Tag empfunden haben.

Baustein 4: Interventionen

Essential

Veränderungspotentiale im Lehrerhandeln und -verhalten in schwierigen Situationen zu erkennen, geschieht über die Analyse von „Alltags"-Stärken und -Defiziten. Ohne diese explizit zur Sprache zu bringen steht die Lehrerpersönlichkeit im Zentrum, die ihr Handeln und Verhalten erprobt.

Ziele

In vielfältigen Übungssituationen werden, unabhängig vom Fallbezug Lehrersprache, konsequentes und bestimmtes Auftreten in Konfliktsituationen betrachtet, rückgemeldet und Alternativen trainiert.

Methoden

Intervention durch *„nicht-eskalierende Beharrlichkeit"*, durch *„kontrolliert-eskalierende Beharrlichkeit"*, durch *„Konflikt-Nachbereitungs-Gespräch"*

Idealtypisch stehen im zweiten Fortbildungstag Möglichkeiten im Zentrum, wie Konfliktsituationen bewältigt werden können; letztendlich Situationen, in denen Prävention allein nicht ausreichend gewesen ist.

Das Tagesprogramm beginnt mit dem Morgenbarometer, d. h. mit symbolisierten (Positionieren auf einer Skala) und ggf. verbalisierten Gefühlsäußerungen zu der Frage „wie geht es mir?". Anschließend können kurze, ergänzende Rückmeldungen zum Vortagesprogramm gegeben werden.

Die aktuell anstehende Thematik „Intervention" wird – gleichsam als Überleitung – mit der Thematik „Prävention" dadurch verknüpft, dass sich die Teilnehmerinnen und Teilnehmer dazu äußern, was „sonst noch" im Unterricht präventiv, d. h. schwierige Situationen vorbeugend, wirkt. Da hierzu möglicherweise Lehrkräfte aus den unterschiedlichen Schulen auch zu unterschiedlichen Ergebnissen kommen, erfolgt die Gruppenarbeit schulbezogen. Der Ertrag der Gruppenarbeit wird auf einem Plakat dokumentiert.

Anhand der Dokumentationen fasst einer der Fortbildenden übergreifende präventive Aspekte zusammen: wie z. B. differenzierender, Interessen bezogener Unterricht, Erfolgsbestätigungen, Halt und Struktur bietender Unterricht, Verstärkereinsatz, wertschätzendes Klassenklima, Kooperation im Team, Zusammenarbeit mit Fachdiensten und Eltern.

Mit den unter 7.3 aufgeführten Methoden *nicht-eskalierende Beharrlichkeit (n-e B)* und *kontrolliert- eskalierende Beharrlichkeit (KEB)* trainieren die Lehrkräfte Möglichkeiten, ihre Selbstwirksamkeit zu erfahren bzw. diese erheblich zu steigern, insbesondere dann, wenn präventive Maßnahmen nicht erfolgreich waren. Die Teilnehmenden erleben darüber hinaus Ansatzpunkte für Selbstbeobachtungen, die ihnen Erkenntnisse über den Eigenanteil am Konfliktgeschehen erlauben. Schließlich bringt die als Pflichtveranstaltung durchgeführte Fortbildung den Vorteil, dass es keiner großen Vorinstruktionen bedarf, eine Kollegin oder einen Kollegen zu bitten, den eigenen Unterricht beobachten.

Das Modell n-e B startet nach einem kurzen Input mit einem Rollenspiel der Fortbildenden. Gezeigt wird eine Unterrichtssituation (Schüler setzt seine Mütze nicht ab, obwohl er weiß, dass er damit eine in der Klasse geltende Regel überschreitet). Gespielt wird eine konfrontative Situation, in der auf Lehrer-, wie auf Schülerseite zunehmend Druck aufgebaut wird, ohne dass der Konflikt gelöst wird.

Der Analyse des Rollenspiels im Plenum folgt ein weiteres Rollenspiel der Fortbildenden, in dem Grundsätze der nicht-eskalierenden Beharrlichkeit – auch in ihrer Wirkung – gezeigt werden. Anschließend trainieren die Lehrkräfte in 3-er Gruppen in Rollenspielen die gezeigte Situation oder eigene Konfliktsituationen zur Festigung der Strategie-Elemente aber auch um herauszufinden, was sie an dieser Strategie als für sich passend bewerten können. In den Gruppen werden die Rollen: Lehrkraft, Schülerin oder Schüler und Beobachterinnen und Beobachter besetzt. Der Rolle des Beobachtenden kommt die Aufgabe zu, das Einhalten strategischer Vorgaben rückzumelden. In der Rollenspielphase wechseln die Gruppenmitglieder die Rollen durch. In der anschließenden Reflexion soll erarbeitet werden, wie durch diese beharrlichen Intervention Emotionen beruhigt und Lernmotivation wieder erreicht werden kann.

In *Übungen zu Erlerntem aus dem KEB-Modell* (vgl. Rhode/Meis 2007) trainieren die Lehrkräfte Realisierungsmöglichkeiten im eigenen Verhalten. Die Fortbildenden informieren über die dem Modell zugrundeliegenden Annahmen der wertschätzenden, konsequenten Lehrerhaltung und über relevante verbale und körpersprachliche Aspekte bei Regelverstößen. Im Training, durchgeführt in Dreiergruppen, erproben sie vornehmlich Elemente, die der Phase der freundlichen Bestimmtheit zugeordnet sind:

- das freundlich bestimmte Auftreten,
- das Herantreten an die Konfliktpartnerin oder den Konfliktpartner (unter Einhalten des Mindestabstands von einem Meter),
- wichtige Aspekte des Blickkontakts und
- die freundlich konsequente Lehrersprache, die nicht argumentiert, sondern im Sinne der ‚Schallplatte mit Sprung' variationsreich die verhaltensbezogene Aufforderung zur Einhaltung der Regel, die überschritten worden ist, wiederholt (z. B. – im Rollenspiel der Fortbildner: („bitte setzt die Mütze ab").

Da davon auszugehen ist, dass die an den Fortbildungen teilnehmenden Lehrkräfte mit Situationen konfrontiert werden, bei denen Prävention versagt hat und ein Verfahren, wie n-e B nicht zielführend sein dürfte, folgt im Verlauf der Fortbildung nun die KEB-Methode (vgl. S. 84). Sie ist auch aus dem Grund eine bedeutsame Methode, weil sie basale Elemente enthält – und diese trainiert – die im Laufe des Berufslebens verloren gehen können, möglicherweise jedoch gar nicht als entscheidend für häufige Konflikte in der Klasse wahrgenommen werden.

Dem überleitenden Aufhänger „es gibt noch härtere Brocken…" folgt ein Input der Fortbildenden, in dem die Grundannahmen thematisiert werden, die bereits ausgeführt worden sind:

- wertschätzende Haltung in Konfliktsituationen und trotzdem konsequentes Einschreiten
- keine Machtworte, keine Argumentationskette, sondern variationsreiches Wiederholen des Anspruchs
- Körpersprache

Es folgt eine intensive Trainingsphase. Die Teilnehmerinnen und Teilnehmer teilen sich in zwei Gruppen, die sich im Raum gegenüberstehen und jeweils die Rolle der Lehrkraft bzw. die der Schülerin oder des Schülers einnehmen. Dann werden einerseits einzelne Elemente der KEB-Methode geübt, wie die Lehrkraft auf die störende Schülerin oder den störenden Schüler zugeht. Auf der anderen Seite meldet der Spielkollege oder die Spielkollegin, der die Rolle der Schülerin oder des Schülers innehat, die Wirkung zurück. Gleiches wird bzgl. Nähe und Distanz, Blickkontaktund Sprache geübt und dies abgestuft, wie in den KEB-Phasen vorgesehen (freundlich bestimmt; energisch bestimmt; Konsequenzebene).

Die einzelnen Trainingsschritte bieten sehr breit Gelegenheit zum individuellen Austausch. In diesen Gesprächen können und sollen Äußerungen zur Sinnhaftigkeit der Methode einfließen. Besondere Beachtung erfordert der folgende Konsequenzaspekt, soll das Modell KEB doch eingesetzt werden, wenn bisherige Interventionen nicht erfolgreich waren. Hinsichtlich Konsequenzen ist zu fragen: Wann, wo und wie müssen Konsequenzen erfolgen und wann können sie mit Schülerinnen und Schülern „verhandelt" werden.

Die Hinführung zur Thematik „Konsequenzen" erfolgt über eine individualisierte Gruppenarbeit. Die Lehrkräfte notieren von ihnen durchgeführte, mögliche oder von Kolleginnen und Kollegen praktizierte Konsequenzen. In einem zweiten Schritt beschreiben und begründen sie Erfolg oder Misserfolg der aufgelisteten Konsequenzen und identifizieren und klassifizieren sie möglicherweise unter Beachtung des Erziehungskonzeptes als solche, die nicht verantwortbar sind. In der Gruppe wird über die Eintragungen berichtet. Im Plenum erfolgen anschließend kurze Rückmeldungen.

In der folgenden Reflexionsphase achten die Fortbildenden darauf, dass bei der Beurteilung was Erziehungswirksamkeit ausmacht die Gruppenarbeitsergebnisse berücksichtigt werden: z. B. Abstufungen nach Alter, Leistungsvermögen, aber auch eine fragile Bindungsproblematik. Dies verbietet einen (immer wieder geforderten) allgemeinen Maßnahmenkatalog.

Wesentlich dafür, dass durch die Bearbeitung des Konfliktes spätere Wiederholungen vermieden werden, ist das Maßnahmen begleitende Gespräch, denn die Lehrer-Schüler-Beziehung soll und muss auch im Zusammenhang mit Konsequenzen einen positiven Impuls haben.

Mit der Vorstellung von Wesentlichem aus dem *Konflikt-Nachbearbeitungs-Gespräch* und dem Training dieser Gesprächsform in 3-er Gruppen, wird der Bedeutung dieses an sich kritischen, weil möglicherweise die Lehrer-Schüler-Beziehung belastend, Ausdruck verliehen.

Folgender Aspekte sind deshalb zu berücksichtigen:

- insbesondere bei time-out-Maßnahmen ist es notwendig, dass die Lehrkraft die Initiative zu dem notwendigen Gespräch übernimmt,
- Wertschätzung des Gegenübers, auch wenn dieses (zumindest aus Sicht der Lehrkraft) einen möglicherweise schweren Konflikt ausgelöst hat,
- im Gegenüberstellen von Wahrnehmungen und Gefühlen von Lehrkraft und Schülerin oder Schüler erleben diese im Aneinander-Reiben Erwachsene, die sich einlassen, die riskieren, Fehler zu begehen und diese auch einräumen – ein Weg, Belastungen in belastbare Beziehungen zu überführen.

Da auch Gespräche mit Eltern Konfliktbereiche darstellen, werden Übungen zur *lösungsorientierten Gesprächsführung* durchgeführt. Zuvor stellen die Fortbildenden Gelingensbedingungen dar, die die Gesprächsführung positiv beeinflussen (vgl. Benien 2003):

- Vorbereitung auf das Gespräch,
- Durchführung (den eigenen Standpunkt klar mitteilen, fair und überzeugend argumentieren, auch in schwierigen Situationen Lösungswege suchen und entdecken, Zielvereinbarungen anstreben, Perspektiven entwickeln, die eine Basis für gemeinsame Problemlösung schaffen),
- abschließende gemeinsame Reflexionsphase.

Geübt werden dann auch solche Gespräche, die auf Wunsch bzw. Aufforderung der Lehrkraft stattfinden. Übungsform ist die Dreiergruppe, in der Lehrkraft, Elternteil und Beobachterin oder Beobachter agieren. In der Übung erfolgt die Vorbereitung auf das Gespräch in zweifacher Weise: Die Lehrkraft klärt für sich die Ziele des Gesprächs und ordnet ihnen passende Argumente zu. Die Lehrkraft informiert die Rollenspielpartnerin oder den Rollenspielpartner (Elternteil) über in früheren Gesprächen Wahrgenommenes oder eine Verhaltensweise, die sie an der Interaktionspartnerin oder am Interaktionspartner geärgert hat. Sie erklärt ihre Sichtweise und bedenkt, bzw. äußert ihre Vermutung, wie diese von der Rollenspielpartnerin oder vom Rollenspielpartner aufgenommen werden könnte. Letztere Überlegungen sind im realen Gespräch ebenfalls erforderlich; der Vorteil des Trainings besteht auch darin, dass Spielpartnerin und Spielpartner (oder Beobachterin oder Beobachter) die Realitätsnähe der Vermutungen rückmelden bzw. rückmelden können.

Nach dem Gespräch leiten die Äußerungen der Beobachterin oder des Beobachters die Reflexionsphase. Es besteht die Möglichkeit, dass das Gespräch wiederholt wird, um der Lehrkraft zu ermöglichen, ihre Gesprächsführung auf Grund der Beobachtungen effektiver zu gestalten. Wenn dies nicht gewünscht bzw. nicht erforderlich ist, wechseln in der Dreiergruppe die Rollen, bis jede Lehrkraft ein Gespräch üben konnte.

Der Fortbildungsschwerpunkt Interventionen findet seinen Abschluss mit Feedback im Plenum und mit einem Stimmungsbarometer, in dem sich die Teilnehmerinnen und Teilnehmer auf einem Band positionieren, das von den Polen „sehr gut“ bis „sehr schlecht“ begrenzt ist.

Baustein 5: Zielvereinbarungen

Essential

Die in die Fortbildung eingeschlossene Praxisphase – die Anwendungsphase – fordert und ermöglicht individuelle Zielformulierungen. Aspekte der Zielerfüllung sind Gegenstand der Fortbildung.

Ziele

Reflexion der Fortbildungsinhalte unter dem Aspekt: „was möchte ich anwenden, insbesondere verändern“? Operationalisierte Zielangaben: Was? Mit welchen Maßnahmen? Mit welchen Kontrollen (selbst oder fremd)? Mit welchen Hilfestellungen? Durch wen?

Methoden

Fortbildungsinhalte und -methoden im Zeitraffer; Kontrollmöglichkeiten aufzeigen; Feedback zu erfolgten bzw. erschwerten Veränderungen

Der Baustein besteht aus den Teilen:

- Konzentration auf individuell festzulegende Ziele (Zielvereinbarungen) zum Ende des zweiten Fortbildungstages
- Erprobung der Zielvorstellungen in der Praxisphase zwischen den Fortbildungstagen
- Darstellung des Zielerreichungsprozesses zu Beginn des 3. Fortbildungstages

Die Ziele sollen und müssen vor allem auf Veränderungsmöglichkeiten im Lehrerverhalten bezogen sein. Daher ist diese Fortbildungsphase (am 2. Fortbildungstag) ein von den Teilnehmenden individuell zu leistendes Geschehen. Von den Fortbildenden werden allenfalls Unterstützungen dazu gegeben im Hinblick auf:

- den Abriss des Fortbildungsverlaufes im Zeitraffer,
- den Verweis auf das eigene Lehrerportfolio bzw. den mitlaufenden Auftrag, „Wunschkarten“ als erledigt bzw. noch zu behandeln umzuwidmen,
- die Operationalisierung der Zielformulierungen – was, in welchem Kontext, mit welchen Prüfinstrumenten,
- den Hinweis, dass die kollegiumsbezogene Fortbildung den Vorteil bietet, auch eine Kollegin, einen Kollegen für die Erfolgsmessung einzubeziehen,
- das Angebot der Fortbildner, zu unterstützen bei der Planung bzw. Prüfung von konkreten Zielen.

Der **dritte Fortbildungstag** beginnt mit dem Morgenbarometer: eingetragene Kreuzchen in Wohlfühlkategorien können im Plenum kurz begründet werden.

Berichte über die Vorhaben und deren Umsetzung (vgl. Zielvereinbarungen am Ende des zweiten Fortbildungstages) bilden einen Schwerpunkt zu Beginn des dritten Fortbildungstages. Diesbezügliche Berichte erfolgen nicht im Plenum. Wegen des hohen Anteils an Persönlichem in den Berichten aber auch um jegliches Vorgeführtwerden, das unangenehme Erinnerungen an die eigene Schulzeit wecken könnte zu vermeiden, werden die Teilnehmenden aufgefordert, in einen Dialog mit einem Zufallspartner oder einer Zufallspartnerin zu treten. Was aus diesen Gesprächen mit der Kollegin oder dem Kollegen im Plenum mitgeteilt werden darf, autorisiert die jeweilige Lehrkraft. Dabei berichtet nicht sie selbst, sondern die Gesprächspartnerin oder der Gesprächspartner.

Baustein 6: Mein Kollegium und ich

Essential

Ein gemeinsam getragenes, die schulische Arbeit bestimmendes Erziehungskonzept sprengt Einzelkämpfertum zugunsten der Kooperation in der Schule. Individuelle Stärken addieren sich zum Starken Team.

Ziele

Gelingensbedingungen für Kooperation analysieren; „gemeinsam statt einsam" als Auftrag, der in lohnendem Kraftaufwand resultiert. Niederlagenfreies Fehlermanagement in seiner förderlichen Funktion für Teamentwicklung

Methoden

Kollegiale Fantasiereise; Konfliktgespräche mit Kolleginnen und Kollegen

Anknüpfend an die Berichte der Lehrkräfte über in der Praxisphase (zwischen den Fortbildungstagen) Wahrgenommenes und Erlebtes lässt sich herausstreichen, wo im bisherigen Fortbildungsgeschehen nicht explizit, sehr wohl aber mitlaufend das *Starke Team* im Blick gestanden hat. So kann zusammenfassend in der Überleitung zum aktuellen Fortbildungsinhalt darauf hingewiesen werden, dass in Lehrerkonferenzen und Teamsitzungen hinsichtlich Erziehungskonzept, Blickwinkelveränderungen, Prävention und Intervention auf eine gemeinsame Basis gebaut werden kann, die allen Lehrkräften nunmehr bewusstgeworden ist. Das war vor der Fortbildung nicht der Fall gewesen.

Stärken und Vorteile eines *Starken Teams* werden im Folgenden unter zwei Aspekten betrachtet:

- Freiraum für Initiativen, für individuelle Entfaltung der Kolleginnen und Kollegen, für konstruktive Absprachen und Entscheidungen,
- Berücksichtigung der Bedürfnisse, Wünsche, Befürchtungen und Ängste bei den Lehrkräften im Rahmen dessen, was eine aus beruflichen Gründen zusammengesetzte Gruppe leisten kann.

Mithilfe einer *kollegialen Fantasiereise* wird das Schulkollegium – auf dem Weg zum Starken Team – thematisiert. Im Zentrum steht dabei die ideale Schule, die Schule, in der ich sehr gern mitarbeiten möchte. Zum Weg zu dieser Schule assoziieren die Lehrkräfte Ideen, Wünsche bis hin zu Utopien.

Eingeleitet wird dieser Arbeitsschwerpunkt, um die Fantasien fernab vom Berufs- und Arbeitsbezug anzuregen und Assoziationen frei zu entwickeln, in der halbierten Teilnehmergruppe mit einer zweigeteilten Aufgabenstellung:

Was könnte/müsste ein Taxifahrer tun, dass möglichst viele/möglichst wenige Fahrgäste in sein Auto zu steigen.

Mit dieser Aufwärmübung kann nochmals unterstrichen werden, dass für die „ideale Schule, die Schule in der ich gern arbeiten möchte", alle möglichen Grenzen für Assoziationen hintenangestellt werden sollten. Die Teilnehmerbeiträge werden auf einem Plakat festgehalten; die zwei Gruppenergebnisse im Plenum vorgestellt.

Anschließend werden die Arbeitsergebnisse unter den Aspekten – möglich/wünschenswert/utopisch/untauglich … diskutiert. Für als utopisch-wünschenswert qualifizierte Vorschläge wird überlegt was dagegensteht, sie zu verwirklichen.

Die Arbeitsphase wird mit einem Rollenspiel abgeschlossen: der utopisch-wünschenswerte Vorschlag wird in der Lehrerkonferenz verhandelt. Vorgeschaltet sind Überlegungen zu Strategien, welche die Aussicht auf Erfolg erhöhen: Suche nach argumentationsstarken Kolleginnen und Kollegen; Diskussion in einer Aktivgruppe; Planung des Gesprächs mit der Schulleitung, um Vorhaben in der Lehrerkonferenz aufgenommen zu bekommen; gezielte Platzierung der Mitstreiterinnen und Mitstreiter im Plenum der Lehrerkonferenz, um störende Murmelgruppen zu verhindern, die die Abstimmung beeinträchtigen könnten; ggf. Suche nach Vorschlägen für Teillösungen, um einen Prozess zu ermöglichen, der letztlich zur Umsetzung des (Gesamt-) Vorhabens führen könnte.

Auch wenn psychophysische Belastungen in einem Arbeitsfeld mit verhaltensauffälligen Schülerinnen und Schülern noch die übersteigen dürften, die bei Lehrkräften generell verstärkt auftreten, kann es nicht Aufgabe einer Fortbildung sein, hier individuell unterstützend einzugreifen. Andererseits ist es sehr wohl Aufgabe des Dienstherrn, dafür zu sorgen, dass im Arbeitsfeld Schule Bewältigungsstrategien thematisiert und auch Hilfen und Unterstützungen angeboten werden, die diesem Anspruch auch in Fortbildungen genügen (sollten).

Wenn folglich ein allgemeines, vor allem individuell zugeschnittenes Stress-Bewältigungsprogramm keinen Platz in der Fortbildung *Starke Lehrkräfte – Starkes Team* finden kann, wird doch hier ein Schwerpunkt angeboten, Problemsituationen/Konflikte zwischen Lehrkräften mit dem Ziel eines *niederlagenfreien Fehlermanagements* zu verhandeln. Da für die Durchführung, insbesondere auch die Gesprächsführung ein den Lehrerinnen und Lehrern bekanntes Feld unter die Lupe genommen werden muss, bot es sich an, bei konkreten, aus der Praxis stammenden „Streitpunkten" zwischen Lehrkräften anzusetzen, die im Konfliktgespräch konstruktiv gelöst werden sollen (Beispiele: Schulregel – Arbeitsplätze sind aufzuräumen bei Lehrerwechsel; Schulregel – Vorviertelstunde verbringen die Schülerinnen und Schüler im Klassenzimmer und nicht auf dem Flur.)

In 3-er Gesprächen bearbeiten die Lehrkräfte eine dieser Regel-Überschreitungs-Situationen und beachten dabei die von den Fortbildnern dargestellten

„Infos zu Konfliktgespräche konstruktiv lösen", die nach den Aspekten Rahmen und Struktur, Gesprächsleitfaden und Grundprinzipien aufgeschlüsselt sind (In den 3-er Gruppen werden abwechselnd als Rollen „besetzt": die Lehrkraft, die das im Fall dargestellte Problem ansprechen will; die Lehrkraft, die die im Fall grundgelegte Regel nicht eingehalten hat; Beobachtungsrolle).

Der Input zu *Konfliktgespräch konstruktiv lösen* umfasst

den Aspekt Rahmen und Struktur:

- Gespräche so früh wie möglich führen,
- gute Vorbereitung: eigene Analyse des Konflikts, um Distanz zu gewinnen, Klarheit zu bekommen und Gefahrenpotential zu erfassen,
- ungestörte Gesprächsmöglichkeit suchen (keine „Tür-und-Angel-Gespräche"),
- Auftakt: positiven Kontakt herstellen – zur Entspannung der Beziehungsebene,
- rasch zur Sache kommen und Struktur vorstellen („ich schildere meine Sichtweise und möchte deine kennenlernen, mir geht es um Klärung und darum, dass wir gute Vereinbarungen für unser Miteinander finden"),
- Prüfung zum Schluss, ob die gefundene Lösung für beide akzeptabel, ist
- Rückversicherung, ob alles besprochen ist,
- das Positive im abgelaufenen Gespräch benennen,

den Aspekt Gesprächsleitfaden:

- Sichtweise schildern – „mir ist aufgefallen …",
- Auswirkungen beschreiben – „für mich heißt das …",
- Gefühle benennen – „ich fühle mich …",
- Erfragen, wie der/die andere es sieht – „wie siehst du das …",
- Schlussfolgerungen ziehen – „wie könnte die Lösung aussehen",

den Aspekt Realisierung der konstruktiven/niederlagenfreien Konfliktlösung

- Ich-Botschaften senden,
- Wahrnehmungen und deren Auswirkungen konkret beschreiben – ohne Bewertungen,
- sich auch im beruflichen Kontext nicht scheuen, über Gefühle zu sprechen,
- ein Dialog entsteht, wenn auch der andere/die andere zu Wort kommt, denn dessen/deren Sichtweise könnte möglicherweise die eigenen Wahrnehmungen korrigieren,
- zum Schluss sicherstellen, dass eine gemeinsame Lösung gefunden ist.

Die Gruppenarbeit mündet in ein Gespräch im Plenum, das Erfahrungen und Problemstellungen mit der Methode zur Sprache bringt. Die Fortbildner verweisen abschließend nochmals darauf hin, dass gerade der eben praktizierten Übung ein hoher Wert für den Fortbildungsschwerpunkt *Starkes Team* zukommt, sind es doch häufig, auch von Lehrkräften nicht beachtete Schulregeln, die für Zwist und Frust in der Schule sorgen. Andererseits bestehe die Chance für störungsfreies, zumindest störungsgemindertes Miteinander, wenn jede Lehrkraft davon ausgehen kann, dass die Kontrahentin oder der Kontrahent die konstruktive Konfliktlösung erprobt hat und auch praktisch umsetzen kann.

Die Fortbildungstage enden mit einem ausführlichen Feedback, für das die Lehrkräfte zunächst stichpunktartig Äußerungen zu „Was nehme ich mit, was habe ich vermisst, was hat mir gefallen" notieren und von denen sie im Plenum berichten. Bezug genommen werden kann an dieser Stelle auch auf die Angaben zu Beginn der Fortbildung, die als Plakate geschrieben wurden zu „meine Wünsche", „meine Befürchtungen" – über deren „Prozess im Inneren" berichtet werden sollte.

Da *Starke Lehrkräfte – Starkes Team* einen Beitrag zur Reflexion von Erziehung und Unterricht mit der Maßgabe, Lehrerverhalten auf Grund von Reflexionen zu verändern, leisten will, der letztlich den Schülerinnen und Schülern zugutekommt, wird in der Feedback-Runde schließlich noch dazu gefragt, ob und wenn ja, wie sie von der Fortbildung profitiert haben – aufgezeigt möglichst an konkreten Beispielen. Diese wiederum schriftlichen Notizen, als sehr private Äußerungen, bleiben unter Verschluss der Lehrkräfte, wobei es wünschenswert wäre, wenn ein kollegialer Austausch darüber im Lehrerkollegium stattfindet.

8 Evaluation und Ausblick

Zum Schluss der Ausführungen zu *Starke Lehrkräfte – Starkes Team* stellt sich die Frage, was die Fortbildung bewirkt hat, was unternommen wurde und was verändert wurde, um die Wirkung noch zu intensivieren. Dies sind Aspekte der Evaluation, die allerdings mit erheblichen Schwierigkeiten behaftet sind.

Die Forschung zur Lehrerfortbildung verfügt über keine überzeugenden Studien hinsichtlich der Evaluation von Lehrerfortbildungen, die einen beraterischen Schwerpunkt haben, und auf „Veränderungen" der Lehrkräfte in ihrer Haltung und in ihrem Handeln abzielen. Auf jeden Fall taugt es nicht, wie für Fortbildungen üblich, nur nach der Zufriedenheit, Passung, Akzeptanz zu fragen und daraus abzuleiten, inwieweit die Fortbildung erfolgreich war.

Der Schulträger war dessen ungeachtet daran interessiert, von den Lehrkräften Auskunft über eben auch diese Kriterien zu erhalten und beauftragte das Institut für Praxisforschung und Evaluation der Evangelische Hochschule Nürnberg, die Fortbildung zu evaluieren.

Bevor über diese in wenigen Ausschnitten berichtet wird, sei zunächst darauf eingegangen, was aus Rückmeldungen der Teilnehmenden innerhalb der Fortbildungseinheiten festzuhalten ist.

8.1 Wahrnehmungen im Verlauf der Fortbildung

Wie bei den Bausteinen ausgeführt wurden die Lehrkräfte z.B. über Morgenbarometer, Stimmungsbarometer, Feedbackrunden, aber auch immer dann, wenn sich dies im Verlauf der Fortbildung anbot, nach ihren Gefühlen, nach Umsetzungshemmungen oder dem Gegenteil befragt. Die unterschiedlichen Sozialformen: Plenum, Kleingruppen, 3-er Gruppe, aber auch die Möglichkeit, sich ohne verbale Äußerung zu einer Eintragung (Stimmungsbarometer) äußern zu können, erlauben die subjektive Feststellung der Fortbildenden, dass die Fortbildungsinhalte und -methoden bei den Lehrkräften überwiegend positiv aufgenommen wurden. Wesentlich dabei ist der sich über den gesamten Verlauf bestätigende Eindruck, dass die Fortbildung bei wohl allen Teilnehmenden dazu geführt hat, die eigene Praxis zu reflektieren und eingesetzte Methoden einer Prüfung zu unterziehen, wie verantwortbar ihr Einsatz ist und ob sie ins künftige Lehrerhandeln aufgenommen werden könnten.

Die positive Einschätzung der Fortbildenden, was von den Teilnehmerinnen und Teilnehmern zu Fortbildungsinhalten und -methoden, zu veränderten Einstellungen, zur Weitung des Handlungsrepertoires und eben wieder zu permanenter Reflexion der eigenen Praxis ausgelöst worden ist, konnte in besonderer

Weise am dritten Fortbildungstag wahrgenommen werden. Nun ist es gerade für Lehrkräfte nicht üblich, Hausaufgaben gestellt zu bekommen und sich einer Prüfung zu unterziehen, ob diese Hausaufgaben erledigt worden sind. Die sehr ergiebige – den zeitlichen Rahmen fast sprengende, wieder in unterschiedlichen Sozialformen gestaltete – Rückmelde- und Berichtsphase zu Beginn des dritten Fortbildungstages zeigte zumindest dieses:

- Es wurde überwiegend positiv bestätigt, dass sich *Starke Lehrkräfte – Starkes Team* fundamental von anderen Fortbildungen unterscheidet, die dem Prinzip folgen, die Anwendung des in der Fortbildung Vermittelten den Fortgebildeten zu überlassen.
- Die von den Lehrkräften selbst gestellten Ziele ließen darauf schließen, dass praxisrelevante Auseinandersetzungen stattgefunden hatten, ein wesentliches Ziel des Fortbildungsansatzes.

Zum Ende der Fortbildung beschrieben die Fortbildenden ein besonderes Angebot für die „Zeit danach". Sie boten sich an für persönliche Gespräche, für Hospitationen, für Arbeitsgruppen … Dieses wurde in keinem Fall angefragt, was dann doch wieder Zweifel an der Nachhaltigkeit des Fortbildungsansatzes nährt, bzw. über andere Unterstützungsmöglichkeiten nachdenken lässt (vgl Kapitel 8.3).

8.2 Befragungsergebnisse

Die Befragung sollte entsprechend des beraterischen Ansatzes Antworten dazu liefern, welche subjektiv erlebte Wirkung die Fortbildung für die einzelne Lehrkraft auf ihr Lehrerhandeln bzw. die Einstellung zu verhaltensauffälligen Schülerinnen und Schülern hat, sowie inwiefern das kollegiale Miteinander der Lehrerinnen und Lehrer beeinflusst wurde. Rein forschungsmethodisch sind es weniger eine Fülle von gewichteten und verglichenen Merkmalen, die hier erhoben bzw. erfragt werden sollten (im Sinne eines Ansatzes der quantitativen Sozialforschung). Vielmehr dürfte es darum gehen, Antworten so offen und flexibel wie möglich zu erheben, was die Zuordnung zur qualitativen Sozialforschung ermöglicht.

Wie ausgeführt wurde vom Schulträger die externe Evaluation in Auftrag gegeben, allerdings eingeschränkt auf eine Fragebogen-Aktion die nur Zahlenwerte hervorbringen kann. Im Folgenden wird in einem eher verallgemeinernden Umfang auf einzelne Ergebnisse eingegangen, vornehmlich auf solche, die neben „äußeren" (also nicht Veränderungen beschreibenden) Wirkungen Argumentationskerne im Sinne eines Ausblicks darstellen.

Zur Forschungsmethodik nur so viel: Der umfangreiche Fragebogen wurde den Teilnehmerinnen und Teilnehmern unmittelbar nach der Veranstaltung online zugesandt; es wurde um Rücksendung an die untersuchende Institution gebeten. Da sowohl Fortbildende als auch Schulträger Erkenntnisse zur Nachhaltigkeit der Fortbildung wünschten, wurde im Abstand von ca. drei Monaten ein weitgehend gleicher Fragebogen versandt und wiederum um Rücksendung gebeten.

Als besonders wichtige Befragungsergebnisse sind anzuführen:

- Sehr hohe Werte hinsichtlich Zufriedenheit mit Ablauf, Organisation und Themenauswahl.
- Bei der Angabe der Nützlichkeit einzelner Fortbildungsinhalte steht die Kollegiale Fallberatung auf Platz eins; die Reflexion der eigenen Schulbiographie auf dem letzten. Es konnte offenbar nicht ausreichend vermittelt werden, wie hemmend bzw. öffnend einschlägige frühere Erfahrungen und Selbsterfahrung für Reflexionen und Veränderungspotential sein können.
- Einige Lehrkräfte umschrieben ihre Unzufriedenheit mit der Teilnahmever**pflichtung** offenbar in Äußerungen dazu, dass sie eigentlich keine weiteren Unterstützungen im Umgang mit schwierigen Schülerinnen und Schülern brauchen würden. Diese Interpretation drängt sich auf, weil diesbezügliche Teilnehmerinnen- und Teilnehmerbemerkungen im Fortbildungsprozess sehr konträr dazu von den Fortbildenden wahrgenommen wurden.
- Ein gewisser Widerspruch gegenüber der Teilnahmeverpflichtung war z. B. darin zu erkennen, wie die Frage beantwortet wurde, ob die Teilnahme weiterer Kolleginnen und Kollegen der eigenen Schule hilfreich für den Umgang mit schwierigen Situationen und das kollegiale Miteinander gewesen ist. Die Teilnahme von Lehrkräften aus der eigenen Schule wurde durchaus positiv gesehen, wobei auch hier eine Abschwächung des Votums damit einherging, dass in der jeweiligen Fortbildungsgruppe ja Lehrkräfte aus den verschiedenen Rummelsberger Schulen teilgenommen haben.

8.3 Wertung der Feststellungen – ein Ausblick

Sowohl der Konzeption von *Starke Lehrkräfte – Starkes Team* als auch der Gewinnung von Fortbildenden und der Durchführung der Fortbildungen gingen sehr drängende Wünsche der Schulleitungen der teilnehmenden Schulen voraus. Der Schulträger zeigte sich gegenüber wesentlichen Aspekten der Fortbildungskonzeption offen. Er organisierte und finanzierte die Veranstaltungen und war bei ihnen präsent.

Neben dem Wunsch, möglichst rasch die Fortbildung bedarfsgerecht – also für alle Lehrkräfte der Rummelsberger Förderschulen – durchzuführen, waren die Schulleiterinnen überzeugt, dass es gelingen werde, Widerstände gegen die für Fortbildungen nicht übliche Teilnahmeverpflichtung abzubauen. Es ist rückblickend zu beklagen, dass die Schulleiterinnen nicht adäquat eingeschätzt hatten, wie weit ihre Autorität reicht.

Noch wesentlicher ist, dass die Schulleiterinnen für sich nicht genügend die Chance sahen, mit dem, was die Lehrkräfte aus den Fortbildungen „mitgebracht" hatten, im kollegialen Miteinander weiterzuarbeiten. Veränderungen für Teambesprechungen, Angebote für Kollegiale Fallberatung, vor allem aber auch Ableitungen für das einheitliche Erziehungskonzept an der Schule hätten in den Rummelsberger Förderschulen nach Ansicht der Fortbildenden die interne Schulentwicklung noch deutlicher beeinflussen können.

Hinsichtlich einiger eingesetzter Methoden, die nach Ansicht der Fortbildenden über die Fortbildung hinaus einer begleiteten Anwendung bzw. Beratung bedürfen, sollte dem Konzept *Starke Lehrkräfte – Starkes Team* eine berufsbegleitende Beratung hinzugefügt werden. Sie könnte von Fortbildenden, möglicherweise auch in Form von Beratung der Schulleiterinnen, organisiert werden und sich auf Methoden wie KEB, n-e-B, aber auch Kollegiale Fallberatung im Rahmen von gruppenbezogenen oder individuell-personenbezogener Beratung erstrecken. Schon allein das in den Fragebögen vermerkte Unverständnis im Hinblick darauf, sich mit sich selbst, insbesondere mit eigenen Schulerfahrungen auseinanderzusetzen, zeigt doch, dass es an der Auseinandersetzung mit subjektiven Theorien mangelt.

Für Sozialpädagoginnen und Sozialpädagogen, Psychologinnen und Psychologen und andere verwandte Berufsgruppen gehören Supervision und Praxisberatung sowohl in der Ausbildung als auch in der täglichen Praxis zum beruflichen Alltag – aus der Erkenntnis, dass zum professionellen Tun die permanente Reflexion der zwischenmenschlichen Aktivitäten gehört. Es wird einem Schulträger nicht gelingen, insbesondere für an seine Schulen abgeordnete staatliche Lehrkräfte, Supervision verpflichtend vorzuschreiben. Was er allerdings leisten kann und mit diesem Konzept auch realisiert hat, ist, seine Mitarbeiterinnen und Mitarbeiter in seinen Schulen für die Teilnahme an Supervisionen zu motivieren.

Mit *Starke Lehrkräfte – Starkes Team* verfolgt der Schulträger die Strategie der Implementierung von Praxisberatung zu konkreten Erfahrungen. Wünschenswert wäre es, wenn für neu an die Rummelsberger Förderschulen versetzte Lehrkräfte das verpflichtende Fortbildungsangebot organisiert werden könnte. Realistisch erscheint hierzu die Maßgabe, dass im Zweijahresrhythmus Veranstaltungen von *Starke Lehrkräfte – Starkes Team* durchgeführt werden.

Noch bis in die Siebziger Jahre des vergangenen Jahrhunderts fanden zuweilen sehr fragwürdige Erziehungspraktiken in kirchlichen Kinder- und Jugendeinrichtungen statt. Ein Buchtitel markiert das zugrundeliegende Dilemma: „Schläge im Namen des Herrn" (vgl. Wensiersky 2006) und öffnet gleichzeitig den Blick für die Bedeutung des völlig konträren Ansatzes, der mit *Starke Lehrkräfte – Starkes Team* verfolgt wird. Erziehung nach der Maßgabe des christlichen Menschenbildes verlangt pädagogisches Handeln, in dem zum Ausdruck kommt, dass das Gegenüber als Ebenbild Gottes wertgeschätzt wird – auch in schwierigen erzieherischen Situationen. Appelle auf der einen und Lippenbekenntnisse auf der anderen Seite sind hier wenig hilfreich; Reflexion des pädagogischen Handelns als Prinzip und dessen Etablierung in den Rummelsberger Förderschulen mit dem Fortbildungskonzept dagegen sehr.

Literaturverzeichnis

Ahrbeck, B. (2011). Wozu ist die Verhaltensgestörtenpädagogik da? *Sonderpädagogische Förderung, 56*(4), 343–360.

Albert, B. (2015). *Die Fortbildung FIT for V. Untersuchung eines sonderpädagogischen Unterstützungsansatzes für Lehrkräfte an Allgemeinen Schulen zur Bewältigung erziehlicher und unterrichtlicher Herausforderungen verhaltensauffälliger Schülerinnen und Schüler.* Baltmannsweiler: Schneider Verlag Hohengehren.

Albert, B. & Wisgalla, E. (2015). Erziehung als Ortshandeln – Bauen für Geborgenheit. In Opp, G. & Bauer, A. (Hrsg.), *Lebensraum Schule. Raumkonzepte planen, gestalten, entwickeln* (S. 97–116). Stuttgart: Fraunhofer IRB.

Arnold, R. (2001). Die Polarität von Kognition und Emotion in der Erwachsenenbildung. Lernwiderstand als Indikation emotionalen Lernens. *DIE Zeitschrift für Erwachsenenbildung, II/2001*, 26–28.

Arnold, R. (2003). Systemtheoretische Grundlagen einer Ermöglichungsdidaktik. In Arnold, R. & Schüßler, I. (Hrsg.), *Ermöglichungsdidaktik* (S. 14–36). Baltmannsweiler: Schneider Verlag Hohengehren.

Arnold, R. (2005). *Die emotionale Konstruktion der Wirklichkeit. Beiträge zu einer emotionspädagogischen Erwachsenenbildung.* Baltmannsweiler: Schneider Verlag Hohengehren.

Bandura, A. (1997). *Self-efficiancy. The exercise of control.* New York: Freeman.

Baron, R. (2011). *Reformpädagogik und evangelische Schule im 20. Jahrhundert.* Münster u. a.: Waxmann.

Bauhofer, W. et al. (2005). Kollegiale Unterrichtsbeobachtung als Instrument zur Evaluation der eigenen Berufspraxis. Beilage zur Zeitschrift Pädagogische Führung 2/2005, 4–8.

Beck, C. et al. (2008). *Fallarbeit in der universitären Lehrerinnenbildung. Professionalisierung durch fallkonstruktive Seminare? Eine Evaluation.* Opladen: Leske + Budrich.

Benien, K. (2003). *Schwierige Gespräche führen. Modelle für Beratungs-, Kritik- und Konfliktlösegespräche im Berufsalltag.* Reinbek bei Hamburg: Rowohlt Taschenbuch Verlag.

Benner, D. (2012). *Allgemeine Pädagogik. Eine systematisch-problemgeschichtliche Einführung in die Grundstruktur pädagogischen Denkens und Handelns.* Weinheim u. a.: Beltz Juventa.

Bosse, D. & Dauber. H. (2005). Psychosoziale Basiskompetenzen für den Lehrerberuf. In Dauber, H. & Krause-Vilmar, D. (Hrsg.), *Schulpraktikum vorbereiten – Pädagogische Perspektiven für die Lehrerbildung* (S. 55–82). Bad Heilbrunn: Klinkhardt.

Bowlby, J. (2005). *Frühe Bindung und kindliche Entwicklung.* München u. a.: Ernst Reinhardt.

Brühwiler, H. (1994). *Methoden der ganzheitlichen Jugend- und Erwachsenenbildung.* Opladen: Leske + Budrich.

Czerwenka, K. (1990). *Schülerurteile über die Schule. Bericht über eine internationale Untersuchung*. Frankfurt a. M.: Lang.

Dewe, B. & Schwarz, M. (2011). *Beratung als professionelle Handlung und pädagogisches Phänomen*. Hamburg: Verlag Dr. Kovač.

Diouani-Streek, M. (2007). Pädagogischer Handlungstyp Beratung. In Diouani-Streek, M. & Ellinger, S. (Hrsg.), *Beratungskonzepte in sonderpädagogischen Handlungsfeldern* (S. 15–32). Oberhausen: Athena.

Dlugosch, A. & Werning, R. (2005). Curriculum Beratung und Kooperation. In Warzecha, B. (Hrsg.), *Zur Relevanz des Dialogs in Erziehungswissenschaft, Behindertenpädagogik, Beratung und Therapie* (S. 181–210). Münster u. a.: LIT.

Dörpinghaus, A. (2012). Bildung zu Autonomie und Mündigkeit. In Dörpinghaus, A., Poenitsch, A. & Wigger, L. (Hrsg.), *Einführung in die Theorie der Bildung* (S. 54–66). Darmstadt: Wissenschaftliche Buchgesellschaft.

Dubs, R. (2008). Lehrerbildung zwischen Theorie und Praxis. In Lankes, E.-M. (Hrsg.), *Professionalität als Gegenstand der empirischen Forschung* (S. 11–28). Münster u. a.: Waxmann.

Eder, F. (2000). Welche Qualitätsanforderungen an die Lehrerbildung ergeben sich aus dem sozialen Wandel? In Sieland, B. & Rißland, B. (Hrsg.), *Qualitätssicherung in der Lehrerbildung. Lehrerarbeit: Bedingungsfaktoren und Qualitätskriterien* (S. 136–160). Hamburg: Verlag Dr. Kovač.

Eichhorn, C. (2013). *Chaos im Klassenzimmer. Classroom-Management: Damit guter Unterricht noch besser wird.* Stuttgart: Klett-Cotta.

Ellinger, S. (1999). Plausibilitätsstrukturen als Bedingungsfaktor für wertorientierte Erziehung in der Schule zur individuellen Lernförderung. Ein soziologischer Beitrag. *Behindertenpädagogik in Bayern, 2/1999*, 114–121.

Ellinger, S. & Hechler, O. (2012). Beratung und Entwicklungspädagogik. Zur Begründung einer pädagogischen Handlungsform. *Zeitschrift für Heilpädagogik, 07/2012*, 268–278.

Enderlein, O. (2012). Wie muss Schule sein, die dem Kind gerecht wird? *Podium Schule, 1/2012*, 5–7.

Fischer, W. (1966). *Was ist Erziehung? Zur Abgrenzung und Bestimmung des Erziehungsbegriffes in der Pädagogik*. München: Ehrenwirth,

Freyaldenhoven, I. (2005). *Schule in der Krise? Psychologische Beratung als Antwort!* Stuttgart: ibidem.

Gieseke, W. (2007). *Lebenslanges Lernen und Emotionen: Wirkungen von Emotionen auf Bildungsprozesse aus beziehungstheoretischer Perspektive*. Bielefeld: W. Bertelsmann.

Grewe, N. (2007). Schul- und Klassenklima aktiv gestalten. In Fleischer, T., Grewe, N., Jötten, B., Seifried, K. & Sieland, B. (Hrsg.), *Handbuch Schulpsychologie. Psychologie für die Schule* (S. 229–238). Stuttgart: Kohlhammer.

Gröning, K. (2011). *Pädagogische Beratung. Konzepte und Positionen*. Wiesbaden: VS Verlag für Sozialwissenschaften.

Hagelgans, H. (2011). Kompetenzerwerb in der Lehrerfortbildung. Eine empirische Studie zur schulinternen Lehrerfortbildung im Bereich Grundschulen der Sächsischen Bildungsagentur Leipzig. Dissertation, Augsburg. Philosophisch-Sozialwissenschaftliche Fakultät.

Hallwirth, U. (2007). Qualität in der Lehrerfortbildung für Schulen in evangelischer Trägerschaft. In Fischer, D. (Hrsg.), *Qualität der Lehrerfortbildung. Kriterien und Umgang mit Differenzen* (S. 49–54). Berlin: Lit-Verlag.

Hechler, O. (2010). *Pädagogische Beratung*. Stuttgart: Kohlhammer.

Heilsbronner Modell: *Kollegiale Beratung online in zehn Schritten*. Recherche vom 18.02.2013. http://kooperation.schule.bayern.de/pub/bscw.cgi/d37738.

Heitger, M. (2003). *Systematische Pädagogik – wozu?* Paderborn: Schöningh.

Helmke, A. (2006). Was wissen wir über guten Unterricht? *Pädagogik, 58/2006*, 42–45.

Helmke, A. (2010). *Unterrichtsqualität und Lehrerprofession*. Seelze-Velber: Klett/Kallmeyer.

Hennemann, T., Ricking, H. & Hillenbrand, C. (2010). Dropout aus der Schule – Empirisch abgesicherte Risikofaktoren und wirksame pädagogische Maßnahmen. *Empirische Sonderpädagogik, 3/2010*, 27–47.

Herz, B. (2013). Einführung in die schulische und außerschulische Erziehungshilfe. In Ders. (Hrsg.), *Schulische und außerschulische Erziehungshilfe. Ein Werkbuch zu Arbeitsansätzen und Lösungsansätzen* (S. 9–49). Bad Heilbrunn: Klinkhardt.

Hidding-Kalde, C. (2010). Das Programm „Reflexives Lernen" im Schulunterricht und der Lehrerbildung. Frankfurt a. M. (u. a.): Peter Lang.

Hillenbrand, C. (2011). *Didaktik bei Unterrichts- und Verhaltensstörungen*. München: Ernst Reinhardt.

Husslein, E. (1983). *Verhaltensstörungen*. Würzburg: Königshausen + Neumann.

Innerhofer, P. (1977). *Das Münchener Trainingsmodell. Beobachtung. Interaktionsanalyse. Verhaltensänderung*. Heidelberg: Springer.

Jochimsen, R. P. (1964). *Spiel und Verhaltensgestörtenpädagogik. Theorie, Didaktik und Unterrichtspraxis in Schule und Heim*. Berlin: Marhold.

Juul, J. (1997). *Das kompetente Kind*. Hamburg: Rowohlt.

Kobi, E. (2010). *Personale Heilpädagogik. Kulturanthropologische Perspektiven*. Berlin: BHP Verlag.

Kolbe, F.-J. & Combe, A. 2008). Lehrerbildung. In: Helsper, W. & Böhme, J. (Hrsg), *Handbuch der Schulforschung* (S. 877–901, 2. durchges. u. erw. Aufl.) Wiesbaden: VS Verlag für Sozialwissenschaften.

Kösel, E. (1977). *Die Modellierung von Lernwelten. Ein Handbuch zur Subjektiven Didaktik*. Elztal-Dallau: Laub.

Kounin, J. S. (1976). *Techniken der Klassenführung*. Stuttgart: Huber Klett.

Krappmann, L. (2006). Kindheit ohne Freundschaft? Neue Aufgaben für die Schule. In Opp, G., Hellbrügge, T. & Stevens, L. M. (Hrsg.), *Kindern gerecht werden* (S. 221–234). Bad Heilbrunn: Klinkhardt.

Leidig, T. & Hennemann, T. (2018). Unterstützung von Grundschulen auf dem Weg zum inklusiven System – Konzeption einer prozessbegleitenden Fortbildung für Lehrkräfte im Kontext herausfordernder Lehr- und Lernsituationen. In Hellmich, F., Görel, G. & Löper, M. F. (Hrsg.): *Inklusive Schul- und Unterrichtsentwicklung* (S. 42–59). Stuttgart: Kohlhammer.

Lemrise, E. A. & Arsenio, W. F. (2000). An integrated model of emotion processes and cognition in social information processes. *Child Development, 71*(1), 107–118.

Lipowsky, F. (2014). Sich selbst als wirksam erfahren – ein Schlüssel für erfolgreiches Lernen von Lehrerinnen und Lehrern. *Podium Schule, 2013/14*, 8–9.

Lohmann, G. (2011). *Mit Schülern klarkommen. Professioneller Umgang mit Unterrichtsstörungen und Disziplinkonflikten.* Berlin: Cornelsen Scriptor.

Luhmann, N. & Schorr, K. E. (1988). *Reflexionsprobleme im Erziehungssystem.* Frankfurt a. M.: Suhrkamp Taschenbuch Wissenschaft.

Mahlke, W. & Schwarte, N. (1971). *Raum für Kinder. Ein Arbeitsbuch zur Raumgestaltung in Kindergärten.* Weinheim: Beltz Praxis.

Mehring, I. (2009). *Subjektive Theorien von Lehrenden zu erlebten Konflikten im Unterricht und der Umgang damit.* Bochum: Universitätsverlag Dr. N. Brockmeyer.

Meueler, E. (2010). Didaktik der Erwachsenenbildung – Weiterbildung als offenes Projekt. In Tippelt, R. & von Hippel, A. (Hrsg.), *Handbuch Erwachsenenbildung/Weiterbildung* (S. 973–987). Wiesbaden: VS Verlag für Sozialwissenschaften.

Molnar, A. & Lindquist, B. (1990). *Verhaltensprobleme in der Schule – Lösungsstrategien für die Praxis.* Dortmund: Borgmann neues Lernen.

Moosecker, W. (2017). Heil- und sonderpädagogische „Haltung“. Ein essenzieller, jedoch nebulöser Begriff? Versuch einer Bestimmung. *Spuren, 2/2017*, 7–14.

Müller, A. (2004). Kasuistische Zugänge zum Verstehen von Verhalten unter erschwerten Lebens- und Lernbedingungen. In Kannewischer, S., Wagner, M. & Dworschak, W. (Hrsg.), *Verhalten als subjektiv-sinnhafte Ausdrucksform* (S. 180–193). Bad Heilbrunn: Klinkhardt.

Müller, C. M. (2013). Negativen Peereinfluss auf Verhaltensprobleme vermeiden – Was kann die Schule tun? *Zeitschrift für Heilpädagogik, 11/2013*, 425–460.

Müller, T. (2018). *Kinder mit auffälligem Verhalten unterrichten. Fundierte Praxis in der inklusiven Grundschule.* München: Ernst Reinhardt.

Mutzeck, W. (1988). *Von der Absicht zum Handeln. Rekonstruktion und Analyse subjektiver Theorien zum Transfer von Fortbildungsinhalten in den Berufsalltag.* Weinheim: Dt. Studien Verlag.

Mutzeck, W. (2008). *Kooperative Beratung – Grundlagen, Methoden, Training.* Weinheim u. a.: Beltz Taschenbuch.

Nohl, H. (1988). *Die pädagogische Bewegung in Deutschland und ihre Theorie.* Frankfurt a. M.: Klostermann.

Oelkers, J. (2000). Überlegungen zum Strukturwandel der Lehrerbildung. In Bayer, M., Bohnsack, F., Koch-Priewe, B. & Widt, J. (Hrsg.), *Lehrerin und Lehrer werden ohne Kompetenz? Professionalisierung durch eine andere Lehrerbildung* (S. 124–147). Bad Heilbrunn: Klinkhardt.

Oelkers, J. (2010). *„I want to be a good teacher…“ Zur Ausbildung von Lehrkräften in Deutschland.* Berlin: Netzwerk Bildung der Friedrich-Ebert-Stiftung.

Opp, G. (2007). Schule – Chance oder Risiko? In Opp, G. & Fingerle, M. (Hrsg.), *Was Kinder stärkt. Erziehung zwischen Risiko und Resilienz* (S. 227–244). München: Ernst Reinhardt.

Opp, G. (2010). Schule als Raum und Lebenswelt. In Opp, G. & Brosch, A. (Hrsg.), *Lebensraum Schule. Raumkonzepte planen, gestalten, entwickeln* (S. 9–26). Stuttgart: Fraunhofer IRB.

Opp, G. & Unger, N. (2003). Begriffliche Grundlagen. In Opp, G. (Hrsg.), *Arbeitsbuch Schulische Erziehungshilfe* (S. 43–64). Bad Heilbrunn: Klinkhardt.

Opp, G. & Unger, N. (2006). *Kinder stärken Kinder. Positive Peer Culture in der Praxis.* Hamburg: Ed. Körber Stiftung.

Petzelt, A. (1964). *Grundzüge systematischer Pädagogik.* Freiburg i. B.: Lambertus.

Pirner, M. L. (2012). Inklusion und christliches Menschenbild. Christlich-pädagogische Perspektiven. In Schreiner, M. (Hrsg.), *Aufwachsen in Würde. Die Hildesheimer Barbara-Schadeberg-Vorlesungen* (S. 101–115). Münster u. a.: Waxmann.

Reich, K. (2009). *Lehrerbildung konstruktivistisch gestalten. Wege in die Praxis für Referendare und Berufseinsteiger.* Weinheim u. a.: Beltz.

Reiser, H. (2013). Inklusion und Verhaltensstörungen – Ideologien, Visionen, Perspektiven. In Herz, B. (Hrsg.), *Schulische und außerschulische Erziehungshilfe. Ein Werkbuch zu Arbeitsfeldern und Lösungsansätzen* (S. 319–330). Bad Heilbrunn: Klinkhardt.

Rhode, R., Meis, M. S. & Bongartz, L. (2003). *Angriff ist die schlechteste Verteidigung. Der Weg zur kooperativen Konfliktlösung.* Paderborn: Junfermann Verlag.

Rhode, R. & Meis, M. S. (2007). *Wenn Nervensägen an unseren Nerven sägen. So lösen Sie Konflikte mit Kindern und Jugendlichen sicher und selbstbewusst.* München: Kösel.

Rolff, H.-G. (2007). *Studien zu einer Theorie der Schulentwicklung.* Weinheim: Beltz.

Schad, G., Müller, T. & Stein, R. (2013). Erziehung. Aufgaben und Anliegen von Förderschulen. Recherche vom 26.04.2020. https//www.uni-wuerzburg.de/…/Allgemeines/Erziehungsbegriff_Schad_Mueller_Stein.pdf

Schlee, J. (2008). Selbsthilfe und Klärungen durch Kollegiale Beratung und Supervision. In Mutzeck, W. (Hrsg.), *Kollegiale Unterstützungssysteme für Lehrer. Gemeinsam den Schulalltag bewältigen* (S. 102–114). Stuttgart: Kohlhammer.

Schreier, P. (2021). Universitäre Organisationsberatung in der schulischen Erziehungshilfe: Bedarfe und Möglichkeiten. *Zeitschrift für Heilpädagogik, 3/2021,* 146–156.

Seitz, O. (1992). Kriterien guten Unterrichts. In Seibert, N. & Serve, H. J. (Hrsg.), *Prinzipien guten Unterrichts* (S. 43–93). München: PimS.

Sigrell, B. (1972). *Problemkinder in der Schule.* Weinheim: Beltz.

Speck, O. (1997). *Chaos und Autonomie in der Erziehung. Erziehungswirklichkeit unter moralischem Aspekt.* München u. a.: Ernst Reinhardt.

Speck, O. (2003). *Bildung ohne Barrieren – Bildungseliten oder Bildung für alle? Anmerkungen zum Bildungsbegriff.* Recherche vom 28.11.2019. http://www.Beb-ev.de/files/pdf/mainz2003/rlSpeck.pdf.

Steffens, U. (1991). Empirische Erkundigungen zur Effektivität von Schule. In Berg, H. C. & Steffens, U. (Hrsg.), *Schulqualität und Schulvielfalt. Das Saarbrücker Schulgütesymposion* (S. 51–72). Wiesbaden: Hessisches Institut für Bildungsgestaltung und Schulentwicklung.

Stein, R. (2004). Verhalten als subjektive Sinn-Gestalt. In Kannewischer, S., Wagner, M. & Dworschak, W. (Hrsg.), *Verhalten als subjektiv-sinnhafte Ausdrucksform* (S. 63–77). Bad Heilbrunn: Klinkhardt.

Stein, R. (2011). Pädagogik bei Verhaltensstörungen – zwischen Inklusion und Intensivangeboten. *Zeitschrift für Heilpädagogik, 9/2011,* 324–336.

Stein, R. (2012). Beratung als Aspekt sonderpädagogischer Professionalität. Skizze einer Baustelle – am Beispiel des Kontextes Erziehungshilfe. *Zeitschrift für Heilpädagogik, 7/2012,* 279–286.

Stein, R. (2013). Kritik der ICF-CY – Eine Analyse im Hinblick auf die Klassifikation von Verhaltensstörungen. *Zeitschrift für Heilpädagogik, 3/2013,* 106–115.

Stein, R. & Stein, A. (2006). *Unterricht bei Verhaltensstörungen. Ein integratives Modell.* Bad Heilbrunn: Klinkhardt.

Wahl, D. (2006). *Lernumgebungen erfolgreich gestalten. Vom trägen Wissen zum kompetenten Handeln.* Bad Heilbrunn: Klinkhardt.

Watzlawik, P. (1997). *Die Unsicherheit unserer Wirklichkeit.* München: Piper.

Wensiersky, P. (2006). *Schläge im Namen des Herrn.* München: DVA.

Willmann, M. (2012). *De-Psychologisierung und Professionalisierung der Sonderpädagogik. Kritik und Perspektiven einer Pädagogik für „schwierige" Kinder.* München u. a.: Ernst Reinhardt.

Willmann, M. & Hüper, L. (2004). *Möglichkeiten und Grenzen schulinterner Beratung – Eine Grounded-Theory-Studie zur paradoxalen Rollenstruktur und Rollenidentität von Beratungslehrerinnen.* Berlin: uni-edition GmbH.

Wimmer, M. (1996). Zerfall des Allgemeinen – Wiederkehr des Singulären. Pädagogische Professionalität und der Wert des Wissens. In Combe, A. & Helsper, W. (Hrsg.), *Pädagogische Professionalität. Untersuchungen zum Typus pädagogischen Handelns* (S. 404–447). Frankfurt a. M.: Suhrkamp.

Wygotski, L. S. (1977). *Denken und Sprechen.* Frankfurt a. M.: Fischer.

Yarbelow, D. (2003). *Schulklima und Schulqualität im Kontext abweichender Verhaltensweisen.* Marburg: Tectum.

Zehetmeier, S. (2010). Aktionsforschung in der Lehrerbildung. Was bleibt? In Müller, F. H., Eichenberger, A., Lüders, M. & Mayr., J. (Hrsg.), *Lehrerinnen und Lehrer lernen: Konzepte und Befunde zur Lehrerbildung* (S. 197–211). Münster: Waxmann.